Jörg Händler

Gräber

anlegen, gestalten und pflegen

DA IST EIN LAND
DER LEBENDEN
UND DER TOTEN
UND DIE BRÜCKE
ZWISCHEN IHNEN
IST DIE LIEBE

Jörg Händler

Gräber

anlegen, gestalten und pflegen

HANS
KOCH
*1920
2001†

Vorwort

Das Grab.
Einfach oder monumental. Ohne Kennzeichnung oder mit riesigen Bauwerken. Grün oder Stein. Für Asche oder für Körper.
Aber eines ist ein Grab immer: die Ruhestätte für Verstorbene und der Platz zum Trauern für Hinterbliebene.

Die Bestattungskultur unterliegt immer wieder gesellschaftlichen Veränderungen. War in den letzten Jahrhunderten durch den christlichen Einfluss die Körperbestattung (Glaube an die Auferstehung der Toten) in Mitteleuropa vorherrschend, hat sich das aufgrund von Technisierung, Individualisierung und der zunehmenden Abkehr vom christlichen Glauben das Verhältnis zur Feuerbestattung geändert. Mittlerweile sind über 50 % Feuerbestattungen zu verzeichnen, in einigen Gegenden Deutschlands bis 95 %.

Seit Jahrtausenden spielt die Bestattung im Leben der Menschen eine dominierende Rolle. Die Trauer um den Verlust eines Menschen, das Abschiednehmen und das Abstand gewinnen sind entscheidende Punkte im Umgang mit dem Tod.
Das Grab ist nicht nur die Ruhestätte eines menschlichen Körpers. Das Grab ist Ort der Zwiesprache, des Erinnerns und des Bewältigens.
Häufig wird dieser Sachverhalt unterschätzt.

Trauer muss man ausleben, um wieder zum Leben zurückzufinden.

Hier hat das Grab eine ganz fundamentale Bedeutung.
Es ist die Stelle, an der man des Verstorbenen gedenkt, an die gemeinsame Zeit, an Freuden, an Probleme, an Erlebnisse. Hier kann man Blumen als Zeichen des Gedenkens ablegen, die Grabpflege ist ein wichtiger Punkt noch, etwas für den Verstorbenen tun zu können.

Leider tendiert diese heutige, hektische Gesellschaft zunehmend zu Anonymität und Egozentrismus. Der Tod hat in dieser Gesellschaft keinen Platz... ist aber allgegenwärtig. Auch in der Bestattungskultur wird zunehmend alles anonymer. Gestorben wird meist im Krankenhaus, zu Hause werden die Toten schnell abgeholt, häufig wird kaum Abschied genommen, alle Wege werden von netten Dienstleistern erledigt. Alles ist perfekt organisiert, die Feier, die Beisetzung auf der grünen Wiese (ist ja preiswert)....... und dann?

Wo gehe ich hin, wenn ich trauern möchte, wenn ich an meine lieben Angehörigen denke, wenn ein Geburtstag ist... ?

Friedhof & Grabpflege

Der Friedhof

Der Friedhof. Sagenumwoben. Gefürchtet. Geliebt. Ort der Ruhe. Motiv für Grauen und Angst. Heiliger Ort. Ort der Traurigkeit. Ort der Toten.

Besonders ist der Friedhof aber ein Ort der Lebenden. Betritt man einen Friedhof, scheint eine andere Zeitrechnung zu gelten. Stress und Hektik haben keinen Platz an den Gräbern. Selbst in einer Großstadt ist der Friedhof ein Ort der Ruhe. Kaum zu glauben, dass es hier sogar Freude geben kann. Nur wenige Orte sind ist so farbenfroh, so ordentlich und so liebevoll gepflegt wie der Friedhof. Hier wird Ruhe spürbar.

Natürlich ist der Friedhof in erster Linie Ruhestätte der Verstorbenen und somit ein Ort der Trauer und des Gedenkens. Hier werden auch Fragen gestellt, die nie eine Antwort erhalten werden. Es wird Zwiesprache mit Verstorbenen gehalten, es fließen Tränen der Trauer und der Dankbarkeit.
Hier wird jedem deutlich, das unser Leben nur ein ganz kleiner Teil auf dieser Welt ist.

Aufgrund der zunehmenden Individualisierung unserer Gesellschaft werden häufig Trauerriten und insbesondere der Friedhof in Frage gestellt. Besonders der Friedhofszwang bei Urnen gerät immer häufiger ins Visier von Presse. Rein sachlich betrachtet, kann man diesem auch wenig entgegensetzen. Nur ist unser Zusammenleben ja auch von Gefühl, von Liebe, Hass, Trauer und Freude geprägt. Da stellen sich Fragen, die den Friedhof in anderem Licht erscheinen lassen:
Wer hat denn ein Recht, zum Beispiel die Urne zu Hause aufzubewahren, die Witwe, der Sohn, die Eltern des Verstorbenen, die Kinder aus 2. Ehe? Wer kauft ein Grundstück, in dem im Garten einige Urnen bestattet liegen? Wohin bei der Haushaltauflösung mit der Urne aus der Schrankwand... in den Müllcontainer? Wo kann ein Arbeitskollege, ein Freund einem Verstorbenen gedenken, wenn die Urne zu Hause steht? Was passiert, wenn sich alle „Urnenberechtigten" nicht einig sind?

Der Friedhof stellt in diesem Fall einen geschützten Raum, in dem jeder seine Trauer leben kann. Hier kann jeder an ein Grab treten, Blumen niederlegen und des Toten gedenken. Besonders psychisch labile Menschen können dadurch überhaupt erst einen Abstand gewinnen. Der Friedhof bietet auch eine einmalige Möglichkeit: Ich bin mit meiner Trauer nicht allein. Es gibt viele andere Menschen, die trauern.
Ich kann mit ihnen kommunizieren.
Viele Partnerschaften, besonders in höherem Lebensalter, haben auf dem Friedhof begonnen. Hier ist einer der wenigen noch verbliebenen Orte, an dem weitgehend unberührt vom hektischen Getriebe unserer Zeit Menschen miteinander sprechen.
Der Friedhof trennt die Lebenden von den Toten....... aber er verbindet auch die Lebenden miteinander.

Grab-Arten

Auf deutschen Friedhöfen finden im Allgemeinen Sarg- und Urnenbeisetzungen statt. Im Laufe der Jahre haben sich daher einige grundlegende Grab-Arten entwickelt. Die Größen und die Ausführungen schwanken je nach Gegend.

Die größte Grabart ist das Familiengrab. Häufig an Mauern oder Hauptwegen gelegen, oft mit monumentalen Grabmalen, wird hier eine oft über Jahrhunderte reichende Familiengeschichte geschrieben. Meist von seinerzeit wohlhabenden Leuten gekauft, können derartige Grabanlagen durchaus bis 20 m^2 und größer sein. Alle Familienangehörigen über viele Jahrzehnte wurden hier bestattet.

Eine sehr häufige Art ist das Doppelgrab. Grundsätzlich für Eheleute gedacht, finden sich aber auch hier bereits Familiengräber über viel Jahrzehnte. Oft können zu den 2 Erdbestattungen auch noch mehrere Urnen mit eingebracht werden. Doppelgräber sind 2–6 m^2 groß.

Das Einzelgrab ist an und für sich für jeweils einen Verstorbenen gedacht. Hier unterscheidet man in Reihengräber (die Gräber werden der Reihe nach belegt und ebenso nach Ablauf wieder beräumt – ein Nachlösen ist nicht möglich) oder Wahlgräber (die Gräber werden selbst ausgesucht und können verlängert werden). In Wahlgräber können u. U. auch zusätzliche Urnen bestattet werden.
Die Größe bewegt sich zwischen 1–3 m^2

Das Urnengrab ist die kleinste Grabart. Die Größe bewegt sich zwischen 0,5 und 1 m^2. Es können ausschließlich Urnen beigesetzt werden.
Auch hier gibt es Einzelstellen und Doppelstellen, Reihen- oder Wahlgräber.

Aufgrund der zunehmenden Anonymisierung, aber auch für Menschen ohne Angehörige gibt es zunehmend auch Möglichkeiten der Bestattung in einer Gemeinschaftsanlage (hier in einem alten Familiengrab angelegt). Meist nur für Urnen, ist hier die Grabgestaltung und Pflege im Preis inbegriffen. Allerdings ist keine individuelle Grabpflege mehr möglich.

Die einfachste und billigste Form ist die Bestattung in einer anonymen Grabanlage, im Volksmund „Grüne Wiese“ genannt. Allerdings hat hier die Trauerkultur völlig ihren Wert verloren. Ein persönliches Gedenken ist nicht mehr möglich, da die Lage der Urne nicht bekannt ist, eine Trauerbewältigung wird hier sehr erschwert.

Es gibt noch einige weitere Formen der Bestattung. Seebestattung, Friedwald, sogar Weltraumbestattung werden angeboten. Ebenso gibt es viele Mischformen zwischen den genannten Arten. Für die Bewältigung von Trauer und Trennungsschmerz, für das Zurechtfinden in der Zeit nach dem Tod eines geliebten Menschen ist es allerdings von großem Nutzen, zumindest eine gekennzeichnete, sicher auffindbare Bestattungsstelle zu haben.

Das Jahr am Grab

Das Frühjahr

Beginn der Arbeiten ist in den meisten Gegenden Deutschlands Mitte bis Ende März. Das Säubern des Grabes und das Entfernen der Wintereindeckung stehen als erste Tätigkeiten an. Das Pflanzbeet sollte gelockert werden und eventuell einige Tage abtrocknen

Die erste Bepflanzung, die Frühjahrsbepflanzung, besteht aus Pflanzen, die durchaus noch einen leichten bis mittleren Frost vertragen können. Leitpflanze ist das Stiefmütterchen (Viola-Wittrockiana-Hybriden) mit einer sehr großen Farbvielfalt, aber auch Primel (Primula-Hybriden) und besonders in den letzen Jahren das Hornveilchen (Viola-Cornuta-Hybriden) bringen die erste Farbe auf den Friedhof. Gänseblümchen (Bellis), Vergissmeinnicht (Myosotis) und vielerlei Zwiebelpflanzen wie Tulpen, Hyazinthen und Narzissen vervollkommnen das Angebot.

Achtung: auch wenn bereits angeboten, haben Studentenblumen, Eisbegonien oder Edellieschen um diese Jahreszeit noch nichts auf dem Friedhof zu suchen! Sie vertragen selbst Temperaturen knapp über 0°C nicht mehr und sind sehr schnell unansehnlich.

Lassen Sie sich nicht von Feiertagen (Ostern, Pfingsten) verleiten, Pflanzungen trotz schlechter Witterung zu erzwingen.

Der Sommer

Die zweite, die Sommerbepflanzung wird fast überall in der zweiten Mai- bzw. der ersten Junihälfte aufgebracht. Der Zeitpunkt ist von der herrschenden Witterung und der Region abhängig. Auf keinen Fall sollte vor den „Eisheiligen" (10.–13.05.) bzw. der „Kalten Sophie" (15.05.) damit begonnen werden. In diesem Zeitraum können erfahrungsgemäß fast überall in Deutschland noch Nachtfröste auftreten und die Pflanzen schädigen.

Jetzt ist die Auswahl der Pflanzen am größten. Häufig verwendete Pflanzen sind:

- Eisbegonien (Begonia-Semperflorens-Hybriden), besonders vielseitig verwendbar
- Knollenbegonien (Begonia tuberhybrida), halbschattig
- Elatiorbegonien (Begonia-Elatior-Hybriden), sonnig bis halbschattig
- Storchschnabel (Pelargonium-Zonale-Hybriden), sonnig
- Edellieschen (Impatiens-Neuguinea-Hybriden), halbschattig bis schattig
- Fleißiges Lieschen (Impatiens-Walleriana-Hybriden), halbschattig bis schattig
- Fuchsien (Fuchsia-Hybriden), schattig
- Studentenblumen (Tagetes-Patula-Hybriden), sonnig
- Leberbalsam (Ageratum houstonianum), sonnig

- Kanonierblume (Pilea microphylla), alle Standorte
- Greiskraut Silberblatt (Senecio bicolor), sonnig

Es eigenen sich auch durchaus noch viele andere Pflanzen. So werden auch Flammendes Kätchen (Kalanchoe – vollsonnig), Zwergrosen, Prachtsalbei (Salvia splendens), Eisenkraut (Verbena rigida) verwendet. Auch einige Pflanzen aus dem Balkonsortiment wurden schon versucht, beispielsweise Surfina-Petunien, Hängeverbenen und Fächerblumen.

Hier gilt: Ausprobieren. Nicht jede Erfahrung ist übertragbar und auch ein Jahr ist nicht wie das andere.

Wichtig ist eine ausreichende Bewässerung. So können Pflanzen von schattigen Standorten durchaus auch heller stehen, wenn sie ausreichend Feuchtigkeit bekommen.

Der Herbst

Der Beginn der Herbstsaison wird von den ersten Frösten oder vom sonstigen Witterungsverlauf bestimmt. Besonders lange Regen und kalte Nächte lassen häufig die Sommerbepflanzung verderben und Pilzerkrankungen wie Mehltau auftreten.
Im Herbst werden das meist verwendet:

- Erica gracilis – Erika
- Calluna vulgaris – Besenheide in vielen Formen
- Senecio bicolor – Silberblatt
- Minialpenveilchen und einige diverse farbige Stauden wie Purpurglöckchen (Heuchera) Houttuynia, Blauschwingel (Festuca), Torfmyrthe (Pernettya) und andere

Die Herbstbepflanzung bietet die Möglichkeit, sehr bunte Beete pflanzen können. Da der Zuwachs nun recht gering ist, sollte relativ eng gepflanzt werden. Allerdings gehören gut gestaltete Herbstbeete zu den preisintensivsten Pflanzungen des ganzen Jahres.

Der Winter

Der Winter zieht je nach Konfession zwischen 1. November (Allerheiligen – katholisch) und Ende November (Totensonntag – evangelisch) auf dem Friedhof ein. Meist werden die Beete mit verschiedenem Koniferenreisig, oft kunstvoll gemischt abgedeckt. Dauerhafte Gebinde aus Tannen, Zapfen und verschiedenen exotischen Trockenpflanzen bestimmen nun das Bild bis zum nächsten Frühjahr.

Grabpflegearbeiten

Zur Pflege eines Grabes gehören verschiedene Arbeiten. Die Häufigkeit ist von Jahreszeit und Witterung abhängig. Grundsätzlich sollten allerdings nicht mehr als 14 Tage zwischen den einzelnen Pflegegängen liegen. Dies ist eine gebräuchliche Regelmäßigkeit, die ein immer ordentliches Aussehen gewährleistet.

Zum Grabpflegewerkzeug sollten gehören:

- Gartenschere – zum Schnitt an Bodendeckern und Rahmengehölzen
- Kleine Unkrauthacke – zum Beseitigen von Wildkraut um das Grab
- Kleiner Laubbesen – zum Säubern des Weges
- Messer – zum Anschneiden der Blumen

Die wichtigsten Arbeiten der Grabpflege seien hier kurz erläutert:

• Gießen

Gießen ist eine der häufigsten Tätigkeiten auf dem Friedhof. Ein gut gepflegtes, mit Pflanzen bewachsenes Grab benötigt bei großer Hitze ca. 2–3 mal in der Woche Wasser, es gilt aber: wenn Gießen, dann kräftig und durchdringend, lieber etwas mehr als nur die Pflanzen befeuchten. Niemals in großer Hitze gießen, das gibt Verbrennungen und Blattflecken, Morgen- und Abendstunden nutzen.
Besonderheit: Stiefmütterchen in Frühjahr weniger gießen – sie werden sonst lang

• Jäten

Bei jedem Grabbesuch alle sichtbaren Wildkräuter möglichst **mit** Wurzel entfernen, besonders in Bodendeckerbepflanzungen. Wenn sich hier erst einmal ein Wurzelunkraut ausbreitet oder ein Klee oder Gras aussamt, ist das Problem groß. Besondere Schwierigkeiten bereiten Kleearten, Quecke und Löwenzahn.

• Schneiden

Zu jedem Pflegen sollte man eine scharfe Gartenschere einstecken. Triebe, die aus der Reihe tanzen, abgestorbene oder kranke Triebe immer gleich entfernen. Bodendecker werden ca. 2–3mal jährlich zurück geschnitten, Rahmengehölze im Allgemeinen einmal.

• Düngen

Jede Bepflanzung sollte auch gedüngt werden. Bei der Wechselbepflanzung kann das entweder regelmäßig flüssig geschehen oder mit Langzeitdünger in die Sommerbepflanzung. Frühjahrs- und Herbstbepflanzung benötigen weniger Dünger. Aber einmal im Jahr sollte auch der Bodendecker und die Rahmenbepflanzung Dünger erhalten. Auch hier eignet sich am besten ein Langzeitdünger, den man am besten im späten Frühjahr oder frühen Sommer streuen kann.

• Hacken

Diese Tätigkeit ist eigentlich nur für Wege notwendig. Zwischen Pflanzen sollte nicht gehackt werden, da das die Pflanzen an den Wurzeln stört. In einer bodendeckenden Bepflanzung ist das auch nicht notwendig.

Spezielle Pflege sollten Schnittblumen auf dem Grab erhalten. Beim Einstellen in die Vase (möglichst eine Steckvase, des sicheren Standes wegen) müssen mit einem scharfen Messer die Blütenstiele schräg frisch angeschnitten werden. Schräg, um eine größere Fläche zur Wasseraufnahme bieten zu können, frisch, da aufgrund des Transportes die Schnittstellen eingetrocknet sein können und die Blumen kein Wasser mehr aufnehmen können.
Besonders Rosen sind empfindlich auf längere Transporte. Die Zugabe eines Frischhaltemittels und das regelmäßige gründliche Auswaschen der Vase fördern die Haltbarkeit. In den Monaten mit Frostgefahr empfiehlt es sich, die Blumen nur abzulegen, um Schäden an den Vasen zu vermeiden.

Einweckgläser oder ähnliche Gefäße gehören nicht auf den Friedhof. Erstens unansehnlich, besteht hier die Gefahr, dass bei einem Bruch des Glases Scherben ins Pflanzbeet oder unter die Bodendecker gelangen und damit die Gefahr einer Verletzung sehr hoch ist! Auch Vasen aus Glas sollten nicht verwendet werden.

Grabpflege durch den Gärtner

In der heutigen schnelllebigen und mobilen Zeit ist eine Grabpflege über 20 Jahre oder länger kaum noch abzusichern. Die Arbeit fordert Flexibilität, Wohnorte werden oft innerhalb kurzer Zeit mehrfach gewechselt. Der Mensch zieht zur Arbeit, insbesondere in strukturschwachen Gebieten. Viele werden auch immer älter – und sich mit über 60 Jahren noch zu einer langen Grabpflege verpflichten, ist schon eine Belastung.
In Deutschland hat sich über Jahrzehnte ein eigener Berufszweig als verlässlicher Partner für Dienstleistungen rund um Grabgestaltung und Grabpflege herausgebildet – der Friedhofsgärtner.

Friedhofsgärtner gibt es in ganz Deutschland. Sie sind speziell für Grabpflege und Grabgestaltung ausgebildet. Besonders in Ballungszentren gibt es Gärtnereien, die ausschließlich von Grabgestaltung und Grabpflege leben. Im ländlichen Raum wird diese Arbeit meist von Einzelhandelsgärtnern ausgeführt. Speziell für Friedhofsgärtner werden Seminare veranstaltet, alle zwei Jahre findet ein Leistungswettstreit der besonderen Art viele interessierte Zuschauer,
der Ausstellungsteil „Grabgestaltung und Grabmal" auf den Bundesgartenschauen. Mustergrabanlagen gehören mittlerweile zum festen und wichtigen Teil auf jeder Gartenschau.

Die Grabpflege durch den Friedhofsgärtner ist eine mittlerweile weit verbreitete Möglichkeit, gepflegte Gräber zu garantieren. Hier spielt hier der „Gärtner des Vertrauens" eine entscheidende Rolle. Meist kennt man sich bereits über Generationen, da baut sich ein Vertrauensverhältnis auf.
Dabei gibt es verschiedene Möglichkeiten. Angefangen von einfachen Gießpflegen in der Urlaubszeit bis zur kompletten Pflege gibt es viele Varianten. Die übliche gärtnerische Grabpflege ist eine jährliche Vereinbarung, die, wenn nicht gekündigt, automatisch jedes Jahr weiterläuft.
In großen Städten arbeiten die Gärtner bereits organisiert zusammen, um die Verwaltung zu vereinfachen.
Die gärtnerische Grabpflege garantiert zu jeder Jahreszeit ein ordentlich gepflegtes Grab.

Dauergrabpflege

Eine besondere Form der Grabpflege ist die Dauergrabpflege. Hier wird ein Vertrag geschlossen, dessen Laufzeit von 5 Jahren bis hin zur gesamten Dauer der Ruhezeit reicht. Da kein Gärtner für die Länge der Zeit Garantien übernehmen kann, wird das Geld bei einer Dauergrabpflegegesellschaft oder -genossenschaft (Treuhandgesellschaft) sicher angelegt. Diese Gesellschaft kümmert sich um die Verwaltung, Anlage und Auszahlung des Geldes.

Das Geld bleibt Eigentum des Einzahlenden. Außer diesem hat niemand Zugriff auf das Geld. Ein großer Vorteil der Dauergrabpflege ist der Abschluss von Vorsorgeverträgen. Hier können insbesondere Menschen ohne Nachkommen die Grabpflege bereits zu Lebzeiten absichern, Erbschaftsregelungen sind im Vorfeld möglich.

Alle notwendigen Leistungen werden vertraglich vereinbart und im Voraus bezahlt. Nachforderungen seitens der Gesellschaft oder des Gärtners können nicht erhoben werden. Die Kostensteigerung wird durch die Verzinsung der Gelder abgefangen.

Eine Kontrolle der Qualität der Arbeit sowie Abrechnung wird durch die Gesellschaft übernommen.

Dauergrabpflege ist derzeit die sicherste Form der langfristigen Grabpflege.

Es gibt in Deutschland derzeit 26 regionale Dauergrabpflegeeinrichtungen der Gärtner, Ansprechpartner sind jeweils die angeschlossenen Kollegen vor Ort.

Hier ein Muster aus der Broschüre der Dauergrabpflegegesellschaft Sächsischer Friedhofsgärtner mbh, Dresden:

Lassen Sie sich von Ihrem Vertragsgärtner einen Kostenvoranschlag machen.

Vertragsgärtnerei: ______________________ Friedhof: ______________________

Grabstätte	Friedhof-Nr.	Terr.	Abt.	Feld	Reihe	Grab

Art	Größe qm	Vertragsabschluss	LZi. Ja.	→	KZ	Leistungs-Beginn	LZi. Ja.	Alte Vertrags-Nr.

Pos. Nr.	Leistung	B KZ	Ausführung	Datum Tag	Datum Monat	Kosten je Leistung	x	Kosten je Laufzeit
01	Grabpflege		Gießen, Sauberhalten, Schneiden von Pflanzen					
02	Sonstige Leistungen		Beseitigungen von Erdsenkungen, Wild- und Wetterschaden (25% aus 01)					
03	Vorfrühlingsbepflanzung		Tulpen, Narzissen, Krokusse, Hyazinthen, Primeln/Schale					
04	Frühjahrsbepflanzung		Stiefmütterchen, Bellis, Vergissmeinnicht					
05	Vorsommerbepflanzung		Hortensien, Elatiorbegonien/Strauß/Schale/Gebinde					
06	Sommerbepflanzung		Begonien, Knollenbegonien, Fuchsien, Geranien					
07	Herbstbepflanzung		Eriken, Chrysanthemen					
08	Allerheiligen		Decken mit Tanne, Blaufichte					
09	Allerheiligen		Gebinde, Kranz, Winterbeet					
10	Totensonntag		Decken mit Tanne, Blaufichte					
11	Totensonntag		Gebinde, Kranz, Winterbeet					
12	Weihnachten		Strauß, Schale, Gebinde					
13	Geburtstag		Strauß, Schale, Gebinde					
14	Geburtstag		Strauß, Schale, Gebinde					
15	Todestag		Strauß, Schale, Gebinde					
16	Todestag		Strauß, Schale, Gebinde					
17								
18								
19								
			Jahresleistungen gesamt (Summe A)					
20	Vorber. z. Grabpfl. u. Bepfl.		Abräumen, Auffüllen, Humuserde					
21	Anlage einer Dauerbepfl.		Bodendecker, Koniferen, Stauden, Gehölze					
22	Erneuerung einer Dauerbepflanzg. (in der Regel 5 - 7 Jahre)		Bodendecker, Koniferen, Stauden, Gehölze					
23								
24								
25								
26	Bestattung		Blumenschmuck					
27	Grabdenkmal		Befestigen, Richten, Einfassen					

Dauergrabpflege Sachsen GmbH
Scharfenberger Str. 67 • 01139 Dresden

Einzelleistungen gesamt (Summe B)

Summe Jahresleistungen und Einzelleistungen (Summe A und B)

Abschlussgebühr der Dauergrabpflegegesellschaft 5 % aus EUR

Vertragssumme (inkl. MwSt.)

Grab-
gestaltung

Grabgestaltung

Eine Grabgestaltung unterliegt sehr dem persönlichen Geschmack und der Ortsüblichkeit. 1971 fasste der Bund der Friedhofsgärtner Möglichkeiten der Grabgestaltung in den „Richtlinien für Gärtnerische Grabgestaltung" zusammen. Diese Richtlinie gilt mit einigen zeitgemäßen Anpassungen im Grundsatz noch heute.

Jede Grabgestaltung besteht im allgemeinen aus 4 wichtigen Komponenten, dem Grabstein, der Rahmenbepflanzung, der Wechselbepflanzung und den Bodendeckern. Als statisch und unveränderlich ist der Grabstein der Fixpunkt, dem sich jede Gestaltung anzupassen oder sogar unterzuordnen hat. Dieser wird flankiert von den Rahmenpflanzen. Der Jahreslauf wird durch den Blumenschmuck der Wechselbepflanzung unterstrichen. Die Bodendecker füllen den übrigen Teil der Grabfläche. Anstelle der Bodendecker wird mancherorts Kies, Sand oder auch Dekorationsrinde verwendet. Sicher ist das eine Möglichkeit, als zeitweilige Zwischenlösung (z.B. nach einer Bestattung bis zur endgültigen Gestaltung) durchaus denkbar. Diese Stoffe bilden aber keine Alternative zur lebenden Bepflanzung einer Grabstelle.

Die Maße für Gräber schwanken in Deutschland sehr stark. Natürlich lassen sich größere Gräber wesentlich besser gestalten als kleine, aber bei Verwendung der richtigen Pflanzen kann man auch hier schöne Anlagen pflanzen.

Entsprechend der Grabgröße sollte auch die Fläche gegliedert werden. Die Wechselbepflanzung kann auch kleinen Gräber schon mal die ganze Fläche einnehmen, auf großen Anlagen sollte sie ca. 15 % einnehmen. Die Rahmenpflanzen sollten 25 %–30 % nicht übersteigen, die Bodendeckerfläche füllt den Rest aus. Trittplatten sollten mehr dem Zweck, weniger der Gestaltung dienen, aber sowohl vom Material als auch der Form zum Grabmal passen.

Bei der Gestaltung des Raumes muss man besonders die Größe des Grabmales, aber auch die Umgebung und die Vorschriften der jeweiligen Friedhofsordnung beachten. Nicht zu vergessen ist die Wirkung der Pflanzen zu den jeweiligen Jahreszeiten, insbesondere bei Stauden und Laubgehölzen.
Die Farbabstimmung sollte nach den Wechselbeziehungen der Farben zueinander erfolgen. Dabei muss man besonders auf sich ergänzende (Ton in Ton) und sich gegenseitig abhebende Farben (Kontraste) achten. Auch die Farbe des Grabmals, der Umgebung und die Lichtverhältnisse dürfen nicht außer Acht gelassen werden. Die Pflanzen werden Standortverhältnissen, Wuchsart und Wuchsgröße ausgewählt. Bei Gehölzen ist bei regelmäßiger Pflege und Schnitt von einer Haltbarkeit von 5–10 Jahren auszugehen. Es sollten möglicht wenige Pflanzenarten verwendet werden.
Pflanzschalen sollten nicht als Dauerpflanzung dienen, sie sind besser als zusätzlicher Schmuck zu Gedenktagen geeignet. Die Bewässerung ist wesentlich problematischer als bei einem Pflanzbeet, besonders bei kleinen Schalen.

Grabmal
Rahmengehölz
Rahmengehölz
Wechsel-
bepflanzung
Bodendecker

Symmetrische Gestaltung

Eine der zwei Grundarten der Gestaltung ist die Symmetrie. Deren Grundgesetz ist die spiegelgleiche Gestaltung entlang einer gedachten Mittelinie, die im Falle der Grabgestaltung von der Mitte des Grabsteines nach vorn gezogen wird.
Voraussetzung für eine symmetrische Gestaltung ist ein mittig stehendes, in sich ebenfalls symmetrisches Grabmal. Die Rahmenpflanzen am Stein sollten aus der gleichen Art bestehen, gleiche Größe und Form haben und in gleicher Entfernung zum Stein stehen. Das Pflanzbeet befindet sich auf der gedachten Symmetrieachse in seiner Form ebenfalls symmetrisch angelegt.

Beim Einsatz zweier Bodendecker darf die Unterteilung nur quer zur Mittelachse und auf beiden Seiten gleich auslaufend erfolgen.

Symmetrische Gestaltungen wirken ruhig und ausgeglichen. Allerdings geht von ihnen wenig gestalterische Spannung aus.
In der Praxis finden sich leichte Abweichungen aufgrund des Wachstums der Pflanzen, auch die Verwendung verschiedener, aber in Wuchs und Größe ähnlicher Pflanzen sind denkbar, allerdings nicht ganz richtig.

Asymmetrische Gestaltung

Die zweite Grundart der Gestaltung ist die Asymmetrie.
Auch wenn asymmetrische Pflanzungen erst einmal recht willkürlich gepflanzt aussehen, unterliegen sie doch einer recht strengen Ordnung.
Asymmetrische Gestaltungen sind gruppiert. Als dominanter Mittelpunkt steht die „Hauptgruppe", bei der Grabbepflanzung immer mit dem Grabmal verknüpft. Ihr zur Seite steht eine deutlich kleinere „Nebengruppe", den optischen Lastausgleich bildet eine kleinere, aber weiter entfernt liegende „Gegengruppe". Eine dieser Gruppen kann durch das Wechselbeet gestellt werden.
Einfach gesagt, stehen diese drei Gruppen in einem ungleichseitigem Dreiecksverhältnis zueinander.
Hält man diese grundlegende Strukturierung nicht ein, kann es passieren, das die Grabstelle optisch unausgewogen erscheint, sie „kippt".

Bei einer geschickten Ausführung wirken asymmetrische Gestaltungen spannungsreich und interessant.

Hauptgruppe
pengruppe
ruppe

Rahmenbepflanzung

Als Rahmenbepflanzung werden höhere, den Stein flankierende oder an Stelle eines Steines stehende Pflanzen genannt, die dem Grab das räumliche Aussehen verleihen. Im Allgemeinen versteht man darunter verschiedene, meist immergrüne Gehölze oder besonders typische, dominierende Stauden. Fast alle diese Gehölze können durch Schnittmaßnahmen in Form und Größe einige Jahre gehalten werden.

Für alle Gehölze gilt: Das Grabmal ist der zentrale Punkt des Grabes, ihm müssen sich alle anderen Gestaltungen unterordnen.

Einige häufig verwendete Gehölze seien hier genannt:

Besonders niedrige Gehölze (für Einzel- und Urnengräber) sind:

- Abies balsamea 'Nana' – Zwergbalsamtanne
- Chamaecyparis lawsoniana 'Filifera Nana' – Grüne Fadenzypresse
- Chamaecyparis lawsoniana 'Filifera Aurea Nana' – Gelbe Fadenzypresse
- Chamaecyparis obtusa 'Nana Gracilis' – Muschelzypresse schönste Form, langsam wachsend
- Juniperus squamata 'Blue Star' – Schuppenwacholder blaue Farbe, kugelig
- Juniperus squamata 'Blue Carpet' – Wacholder relativ flach, aber robust, blaue Farbe
- Picea glauca 'Pygmaea' – Zwergfichte
- Picea abies 'Little Gem' – Zwergnestfichte
- Pinus mugo in Zwergarten wie 'Hesse', 'Gnom' u.a. – Zwergbergkiefer
- Berberis thunbergii 'Atropurpurea Nana' – Rote Zwergberberitze (laubabwerfend)
- Buxus sempervirens – Buchsbaum (immergrün)
- Japanische Azaleen (immergrün)
- Rhododendron – Repens – Hybriden – Zwergrhododendron (immergrün)
- Tsuga canadensis 'Nana' – Zwerg – Hemlockstanne
- Spiraea japonica 'Little Prinzess' – Rosa Zwergspiere
- Spiraea japonica 'Golden Prinzess' – Gelblaubige Zwergspiere
- Thuja occidentalis 'Tiny Tim' oder 'Danica' – Kugellebensbaum
- Tsuga canadensis 'Nana' – Kissen-Hemlockstanne
- Pieris japonica – Schattenglöckchen oder Lavendelheide

Etwas höhere Gehölze (für größere Gräber)

- Acer palmatum 'Dissectum' – Japanischer Schlitzahorn, rotlaubig als 'Dissectum Garnet'
- Chamaecyparis lawsoniana in Sorten – Scheinzypressen z.B. 'Golden Wonder' hier kann man einige Arten recht gut auf großen Gräbern verwenden (Rückschnitt notwendig)
- Taxus baccata – Eibe in Sorten schnittfestes Gehölz sowohl in hohen als auch in breiten Sorten erhältlich, teilweise gelblich benadelt

- Pinus mugo in Sorten – Bergkiefer
- Rhododendron-Yakushimanum-Hybriden – mittelgroße Rhododendron
- Thuja occidentalis in Sorten – Abendländischer Lebensbaum (z.B. 'Rheingold' – kugelig, 'Smaragd' – schlanke Säule)
- laubabwerfende Azaleen – wunderbare Farben im Frühjahr
- Berberis buxifolia 'Nana' – Berberitze – laubabwerfend
- Cotoneaster horizontalis – Fächermispel
- Juniperus communis 'Hibernica' – Säulenwacholder

und auch viele andere Gehölze wie Potentilla (Fingerstrauch), Spiraea (Spiersträucher) und Sonderformen von Wacholder, Hemlockstanne, Fichte. Vorsicht mit „Trauerformen". Da sie optisch sehr dominant sind, muss man genau abwägen, ob sie zum Grabmal passen oder zu sehr dominieren.

Stauden als Rahmenbepflanzung:
Stauden lassen sich bedingt zur Rahmenbepflanzung einsetzen. Ein großes Problem ist das Einziehen einiger Arten im Winter. Das muss man bei der optischen Planung berücksichtigen.

- Hosta in Arten (Funkie) dominante Blattschmuckstaude in verschiedenen Formen, Blüte wenig wichtig, zieht im Winter ein
- Astilbe-Arendsii-Hybriden (Astilben) besonders für den Schatten geeignet, wird recht hoch, zieht im Winter ein
- Farne – verschiedene Arten, sehr dekorativ, für den Schatten besonders geeignet, ziehen aber ebenfalls ein
- Helleborus niger (Christrose) als besonders symbolträchtige Staude, blüht bereits im Januar/Februar
- Gräser in verschiedenen Arten wie Seggen, Schwingel oder Marbel.

Natürlich lassen sich sehr viele Stauden des Gartens auch in der Grabbepflanzung verwenden. Mohn, Flockenblumen, Schwertlilien, Taglilien, verschiedene Asternarten, Phlox um nur einige zu nennen. Ein großer Nachteil besteht allerdings in der optischen Wirkung über das ganze Jahr hinweg. Meist ziehen sie im Winter ein, manche auch nach der Blüte (Tränendes Herz), sehen also nicht immer gleichmäßig gut aus. Kann man mit diesen Nachteilen leben sind sie als Ergänzung zur dauerhaften Bepflanzung allemal gut geeignet.

Ein entscheidender Vorteil ist die Nutzung als Blühpflanze zu bestimmten Terminen, so zu Geburtstagen oder Sterbetagen. Stauden blühen 4–8 Wochen, zu jeder Jahreszeit gibt es blühende Stauden. Bei genauer Auswahl der Arten kann fast immer etwas blühen.

Bodendecker

Als Bodendecker werden Zwerggehölze oder Stauden bezeichnet, die einen flächigen Wuchs aufweisen. Für die Grabgestaltung sollten sie eine Höhe von 20 cm nicht überschreiten. Die hier genannten Gehölze sind unter den meisten Bedingungen in Deutschland winterhart:

Häufig verwendete Gehölze als Bodendecker sind unter anderem:

sonniger bis halbschattiger Bereich:

- Cotoneaster dammeri var. radicans (Zwergmispel) – robust, große Blätter, wüchsig, sehr flach, schnittfest
- Cotoneaster dammeri 'Evergreen', auch als 'Frieder's Evergreen' bekannt (Zwergmispel) – kleinere Blätter, etwas empfindlicher und weniger wüchsig, sehr flach, schnittfest
- Cotoneaster dammeri 'Streib's Findling' (Zwergmispel) – sehr kleine Blätter, etwas empfindlich, schwachwüchsig, sehr flach, schnittfest
- Euonymus fortunei (Kriechspindel) grüne Form, robust, braucht Dünger, etwas höher, schnittfest
- Euonymus fortunei 'Emeralds Gaiety' oder 'Gracilis' (Kriechspindel) grün – weiße Form, robust, braucht Dünger, etwas höher, schnittfest
- Euonymus fortunei 'Emerald'n Gold' (Kriechspindel) grün – gelbe Form, robust, braucht Dünger, etwas höher, schnittfest
- Euonymus fortunei 'Minimus' (Zwergspindel) kleinste grüne Form, robust, braucht Dünger und guten Boden, flach, schnittfest
- Juniperus horizontalis in Sorten (Kriechwacholder) flachste Form, weitgehend robust, schnittfest
- Juniperus communis 'Repanda' (Kriechwacholder) etwas höher (bis 0,5 m), schnittfest, robust
- Gaultheria procumbens (Scheinbeere) flach, braucht unbedingt sauren Boden, sehr empfindlich
- Buxus sempervirens (Buchsbaum) – winterhart, schnittverträglich, preisintensiv

halbschattiger bis schattiger Standort:

- Hedera helix in Sorten (Efeu) robust, immergrün, schnittfest, sortenspezifische Frostempfindlichkeit
- Pachysandra terminalis (Dickmännchen, Ysander) robust, schnittfest geeignet besonders die Sorten 'Kompakta' und 'Green Carpet', für große Gräber
- Vinca minor (Immergrün) robust, aber ungleichmäßiger Wuchs, schöne blaue Blüte im Frühjahr, etwas schnittempfindlich

Häufig verwendete Stauden als Bodendecker sind unter anderem:

sonniger bis halbschattiger Bereich:

- Antennaria dioica (Katzenpfötchen) sehr flach, Blüte im Mai (Blütenstände müssen zurückgeschnitten werden), graue Farbe, robust, wenig düngen
- Saxifraga in Arten (Steinbrech) flacher Wuchs, Blüte muss zurückgeschnitten werden, robust, hat aber ab und an Ausfälle
- Sempervivum in Arten (Hauswurz) ungleichmäßige Bodendeckung, Blüten kommen sehr hoch und unregelmäßig, aber robust
- Thymus praecox var. languinosus (Thymian) am besten geeigneter Thymian-Art, sehr flach und haltbar
- Thymus serpyllum (Thymian) geeignet Bodendecker mit schöner Blüte, leider nicht ganzjährig gleichmäßig schön
- Sedum in Arten (Fetthenne) sehr geeignete robuste Bodendecker, aber im Winter teilweise Ausfälle,
- Ajuga reptans (Günsel) dunkles Laub, blaue Blüte, leider nicht ganz gleichmäßig deckend
- Cotula dioica (Fiederpolster) flacher, wüchsiger Bodendecker mit teilweisen Ausfällen im Winter

halbschattiger bis schattiger Bereich

- Waldsteinia ternata (Golderdbeere) robust, pflegeleicht, gelb blühend, etwas unruhige Oberfläche
- Asarum europaeum (Haselwurz) eigenwillige Blattform, nicht immer sicher deckend

Es gibt noch viele weitere Bodendecker, leider schränkt das Klima die Verwendung mancher Arten (Muehlenbeckia, Sagina, Acaena, Cotula) ein wenig ein. Besonders in Gebirgslagen können einige der genannten Arten keine Verwendung finden, da die Winter doch ein wenig zu rau sind und die Ausfälle zu groß werden.

Ein umstrittenes Thema ist die Pflanzdichte bei Bodendeckern. Hier sollte man sich unbedingt vom Fachmann beraten lassen. Im Allgemeinen sollte man je nach Wuchsstärke und Finanzrahmen zwischen 16 (4 x 4) bis 36 (6 x 6) je m^2 bei 9er Topfballen rechnen. Ausnahme ist der Wacholder, der größer angeboten wird – hier sind es 4–6 je m^2.Gepflanzt wird fast immer im Verband („auf Lücke"). Gute Hilfe können ihnen da Fachbetriebe geben, diese haben oftmals sogar Musterpflanzungen im Betrieb.

Die Form der Wechselbepflanzung

Einen wichtigen Anteil an der Gestaltung des Grabes hat das Beet für die Wechselbepflanzung. Es bringt jahreszeitlich Farbe und Abwechslung in die Anlage und trägt mit seiner Farbigkeit sehr zur Bewältigung der Trauer bei, da es bei allem Gedenken an den Tod Leben und Freude verkörpert. Die Kombination verschiedener Farben lässt eine Unzahl verschiedener Möglichkeiten zu. Hier spielt besonders der Geschmack, aber auch das Wuchsverhalten der einzelnen Arten und Sorten eine entscheidende Rolle. Das sollte man gerade bei bunten Beeten beachten.
Je kleiner eine Grabfläche ist, desto größer ist im Verhältnis das Beet. Auf kleinen Urnengräbern (60 x 80 cm) empfiehlt sich eine komplette Bepflanzung mit Saisonpflanzen, auf Reihengräbern sollte die Wechselbepflanzung 30–50 % betragen, auf großen Doppelgräbern oder Familiengräbern nur noch 10–15 % der Gesamtfläche. Hier spielt die Ortsüblichkeit eine große Rolle.
Die Form des Pflanzbeetes ist sehr von Geschmack, der Ortsüblichkeit, aber auch von Gestaltungsfaktoren abhängig. Einige mögliche Grundformen werden hier vorgestellt:

Die einfachste Grundform ist das Rechteck. Am häufigsten auf Reihengräbern angewandt, ist diese Möglichkeit die von allen am leichtesten zu planen und zu pflanzen.

Eine weitere Grundform, passend zu nahezu allen Grabsteinen und Gräbern, ist der Kreis. Die Pflanzung ist schon anspruchsvoller, wichtig ist hier eine saubere Ausführung insbesondere des Außenringes. Eine Wölbung der Oberfläche („Uhrglas") lässt diese Beetform besonders wirken.

Eine Abänderung des Kreises ist das Oval, hier angedeutet als ineinander fließender doppelter Kreis. Derartige Beete sind besonders für große Gräber geeignet, am besten ein- oder zweifarbig angelegt.

Eine der vielen Gestaltungsmöglichkeiten ist die Übernahme von Formen und Symbolen des Grabsteines, wobei der hier gepflanzte Rhombus auch auf jeder anderen länglichen Grabform durchaus gut zu verwenden ist.

Auch hier eine Möglichkeit der Formenübernahme vom Grabstein.

Ebenfalls eine sehr gelungene Form des Beetes anhand des Grabsteines.

Eine weitere Möglichkeit des Pflanzbeetes als freie Gestaltung. Eine derartige Anordnung lässt sich allerdings nur innerhalb eines Gesamtgestaltung durchführen.

Ebenfalls eine freie, geschwungene Anordnung. Derartige Beete haben eine große Wirkung, müssen sich aber gestalterisch in die Gesamtanlage einfügen und sollten in sich nicht zu bunt sein.

Fehler

Besonders bei der freien Gestaltung der Pflanzbeete kann man auch Fehler machen. Nicht jede Bepflanzung sieht in jeder Form gleich gut aus. Insbesondere bei grazilen Formen muss man den Zuwachs gerade in den Sommermonaten bedenken. Oftmals werden diese dann zu optisch unausgewogenen, nicht definierbaren Gebilden.

Das aus zwei Schleifen bestehende Beet ist im Hochsommer total verwachsen. Eine Möglichkeit wäre das rechtzeitige Stutzen der Begonien.

Hier wurde eher an der Größe gespart. Aufgrund der dunklen Farbe verschwindet das Beet vollkommen in der Rahmenbepflanzung und dem Bodendecker

Gut gedacht, aber aufgrund des Zuwachses zur Unkenntlichkeit geworden das übernommene Christussymbol des Grabsteines.

Arbeitsablauf bei der Grabgestaltung

Die Arbeitsgänge bei der Grabgestaltung unterliegen einer bestimmten Reihenfolge. Im folgenden ist diese anhand eines Beispieles erläutert:

Im Allgemeinen beginnt hier die Arbeit. Nach einer Erdbestattung wurde das Grab gehügelt, nach Ablauf ca. eines Jahres kann die Gestaltung erfolgen. Nun ist der Boden so verfestigt, dass es kaum noch zu Senkungen kommt. Trotzdem sollte über der Bestattungsstelle der Boden noch einmal verdichtet werden. Der Hügel wird abgetragen und die zu bepflanzende Fläche je nach Bodenqualität 20–30 cm ausgehoben. Steinmetzarbeiten müssen abgeschlossen sein.

Die Fläche wird nun mit einer guten Pflanzerde aufgefüllt. Hier eignet sich am besten ein Kompost (entseucht oder gedämpft) oder ein Kompost-Blumenerdegemisch. Reine Blumenerde mit hohem Torfanteil trocknet zu schnell aus. Graberde dient durch ihre dunkle Farbe nur der Abdeckung. In Gegenden mit hohem Lehmanteil ist es auch möglich, den vorhandenen Boden mit torfhaltiger Erde gut zu durchmischen.
Die aufgefüllte Erde sollte wieder leicht verdichtet werden (Rechenrückseite, Schaufel), da es sonst zu stark und u.U. ungleichmäßig einsinkt.

Nun erfolgt die Rahmenbepflanzung, anschließend die Blockbepflanzung (hinterer ev. etwas höherer Bodendeckerbereich). Eine Zugabe eines langsam wirkenden milden Düngers ist hier gut möglich.

Nun wird der Bodendecker gepflanzt. Die übliche Pflanztechnik ist im Verband, die Pflanzdichte ist abhängig von den finanziellen Rahmenbedingungen. Das Pflanzbeet wird freigelassen, entweder angezeichnet oder besonders bei außergewöhnlichen Formen mit Hilfe einer Schablone gekennzeichnet.

Als Letztes erfolgt die Wechselbepflanzung. Nach Abschluss aller Arbeiten wird kräftig gewässert, dass alle Pflanzen auch richtig Bodenschluss bekommen.

Bei fachgerechten Pflege- und Schnittmaßnahmen ist das Grab nach 1–2 Jahren in einem ausgewogenem optischen Zustand.

Rosen auf dem Grab

Die Rose. Das wohl bekannteste Symbol in unserem Leben. Sie verkörpert Liebe, Zuneigung und Glück.
Wenn auch andere Blumen in einigen Teilen Deutschland als Totenblumen abgestempelt werden – die Rose ist eine der am häufigsten verwendeten Blumen auf dem Friedhof. Nahezu bei jeder Trauerfeier bringen nahe Angehörige Gebinde oder Kränze mit Rosen, zu Geburtstagen werden Gedenksträuße aus Rosen auf die Gräber gebracht. Die Rosen als Symbol wird auf Kranzschleifen ebenso verwendet Grabsteinen, in besonderen Trauerfällen auch als geknickte Blume dargestellt.

Was liegt also näher, als Rosen auf Gräber zu Pflanzen?
Leider ist die Rose als Pflanze etwas komplizierter auf dem Friedhof zu handhaben als viele andere Pflanzen. Aufgrund ihrer Wuchshöhe eignet sie sich fast nur für größere Grabstellen. Rosen benötigen volle Sonne, da die sonst schlecht blühen. Ihr Wuchs ist schwer planbar, die Blüte leider nur eine kurze Zeit haltbar.

Das größte Problem bilden allerdings Schädlinge und Krankheiten. Blattläuse und Blattrollwespen sind beinahe jedes Jahr zu finden, je nach Witterungsverlauf spielen Mehltau und Sternrußtau eine entscheidende Rolle für das Aussehen der Pflanzen. Es ist also unumgänglich, hier auch Pflanzenschutz zu betreiben.
Am ehesten geeignet sind einige neuere Sorten aus der Richtung der Bodendeckerrosen, die mittlerweile eine gewisse Resistenz gegenüber diesen pilzlichen Krankheiten aufweisen.

Ohnehin sind die vielblütigen Rosen besser als Edelrosen für diesen Zweck zu nutzen. Bei veredelten Rosen muss natürlich ein Winterschutz durch Anhäufeln und eventuell Reisigabdeckung vorgesehen werden. Ähnliches gilt für die durchaus winterharten Mini-Rosen.

Zusammengefasst lässt sich sagen, das Rosen auf dem Grab sicher möglich und schön sind, aber einen erhöhten Pflegeaufwand erfordern, den man auf jeden Fall berücksichtigen muss.

GRETEL
GEB. BERG
MARIA
BLEISCH
GEB. BERG

Gestaltungs-
beispiele

Gestaltungsbeispiele

Nun sollen einige praktische Beispiele für Grabgestaltungen folgen.
Alle Aufnahmen stammen vom Ausstellungsteil „Grabbepflanzung und Grabmal" der Internationalen Gartenschau Rostock 2003.
Mustergräber sind natürlich erst einmal nicht mit dem normalen Grab zu vergleichen. Hier wird eine besondere Pflanztechnik angewandt. Es wird sehr dicht gepflanzt. Die Pflanzung soll den Eindruck einer 3–5 Jahre stehenden Anlage machen. Es wird viel probiert, auch manchmal gewagt. Trotzdem kann man an diesen (neutralen) Beispielen sehr gut Gestaltungsgrundsätze, Pflanzen und Möglichkeiten erläutern. Die verwendeten Pflanzen sind bereits in optimaler Größe.

Frisch gepflanzte Gräber daher werden immer etwas dürftiger aussehen. Das ist aber in Ordnung, denn die Pflanzen brauchen Zeit und Platz, sich zu entwickeln.
Bei entsprechender Übung und Feingefühl ist es selbst für interessierte Laien möglich, Grabanlagen in dieser optischen Qualität zu erreichen.
Wer sich aber so etwas nicht zutraut, dem stehen überall in Deutschland gute und erfahrene Friedhofsgärtner zur Seite.

Bewertungen und Erläuterungen sind meist sehr individuell geprägt. Nicht jede Meinung, jede Gestaltung findet Verständnis. Deshalb sollen die folgenden Beschreibungen kein Dogma sein. Sie entspringen Erfahrungen mit Pflanzen, Gestaltungsgrundsätzen und persönlichen Einschätzungen.
Die verwendeten deutschen Pflanzennamen können regional auch völlig differieren. Deshalb ist den meisten Namen die botanische Bezeichnung hinzugefügt. Mit dieser können Fachleute am besten arbeiten. Aber auch diese Namen werden ab und an geändert, sind im allgemeinen jedoch am besten zuzuordnen.

Ähnlich ist es auch mit den Grabmalen. Nicht jedes hier abgebildete Grabmal wird einen Platz auf jedem deutschen Friedhof finden können. Hier spielen Ortsüblichkeit, Friedhofssatzungen und vor allem auch der Geldbeutel eine entscheidende Rolle. Aber Ideen, Details oder Anregungen können sie vermitteln, die dann in einem ganz persönlichen Grabmal und einer eigenen Gestaltung münden.

Eine Grabgestaltung ist selten die Entscheidung von einem Bild oder einigen wenigen Minuten. Vor allem ist es aber eine Sache des Gefühls. Die folgenden Bilder sollen Anregungen geben, Gefühle vermitteln oder auch einmal einen Fehler benennen.

Keinesfalls darf man den Wert der Grabgestaltung und Grabpflege auf die Bewältigung der Trauer unterschätzen. Auch wenn man es nicht selbst ausführt, allein das Wissen und die Beruhigung, dass die Grabstelle ordentlich und gepflegt ist, hilft da schon weiter. Das Aussehen der Grabstelle zeugt von der Ehrerbietung gegenüber den Verstorbenen.

DAS LEBEN
WÄHRT
EWIGLICH,
UND
LIEBE IST
UNSTERBLICH.
DER TOD
IST NUR EIN
HORIZONT.
HANS-FLORIAN
REDZANOWSKI
EIN
HORIZONT
IST NICHTS
ANDERES
ALS DIE
GRENZE
UNSERER
SICHT
DER
DINGE.

Gehölze als Bodendecker

Zwergmispel – Cotoneaster

Der häufigste Bodendecker bei der Grabgestaltung ist ohne Zweifel die Zwerg- oder Kriechmispel – die Gattung der Cotoneaster. Einige Arten können recht groß werden, in der Grabgestaltung sind aber die immergrünen, flachen Arten von Interesse. Cotoneaster ist außerordentlich robust, winterhart und wächst nahezu auf jedem Boden. Sonnige Lage liebt er, verträgt aber auch Halbschatten. Sein größter Vorteil liegt in der außerordentlichen Schnittfestigkeit. Gleichmäßige Flächen, können ohne Probleme mit regelmäßigem Schnitt erzielt werden, selbst Maschineneinsatz ist möglich.
Im Frühjahr weiß mit kleinen Blüten blühend, hat er im Herbst häufig roten Beerenschmuck.

Die wichtigsten Arten für das Grab sind:

- Cotoneaster dammeri var. Radicans – flach, relativ große Blätter, gut wüchsig, für große Flächen
- Cotoneaster dammeri ‚Evergreen' – ebenso flach, kleinere Blätter, schwächer wachsend
- Cotoneaster dammeri ‚Streib's Findling' – flach, sehr kleine Blätter, langsam wachsend, für kleine Flächen
- Cotoneaster dammeri ‚Coral Beauty' – höherer Wuchs (bis 50 cm) für große Flächen

Als Rahmenbepflanzung eignet sich die sommergrüne Art

- Cotoneaster horizontalis – die Fischgrätenmispel mit schön gefächerter Beastung und schönem Beerenschmuck

Eine sehr konservative Gestaltung zeigt diese Einzelgrabstelle. Sie ist an sich die Grundform der Grabbepflanzung. Alle Linien sind streng der Grundform zugeordnet. Die Rahmenbepflanzung aus Schattenglöckchen (Pieris japonica) ordnet sich dem Grabmal unter.

Diese Gestaltungen sind einfach zu arbeiten, gut zu planen und auch recht einfach in Form zu halten. Allerdings wirken sie auch wenig personenbezogen, strahlen wenig Interessantes aus.
Es wäre es wohl auf vielen Friedhöfen ein Wunsch, das alle Gräber in diesem Pflegezustand wären. Leider wird die Grabpflege zunehmend als Last empfunden.

Grabpflege ist eine Dankbarkeitsgeste gegenüber dem Verstorbenen, aber vor allem auch eine entscheidende Hilfe bei der Bewältigung der Trauer.

1901
ES IST
WAS ES
IST
GRABBEPFLANZUNG
GRABMAL

Zwei Cotoneaster im Bild:

Cotoneaster dammeri var. Radicans

Cotoneaster dammeri ‚Evergreen'

Ein weiterer wichtiger Bodendecker ist Kriechwacholder in verschiedenen Sorten – Juniperus horizontalis.
Er ist besonders für größere Gräber geeignet.

Eine gelungene Möglichkeit, Symbole des Grabsteines ins das Pflanzbeet zu übertragen, zeigt diese Einzelgrabgestaltung. Die Spiralenform des Symbols auf dem Grabmal wurde durch Begonien (Begonia-Elatior-Hybriden) und Männertreu (Lobelia erinus) in der Wechselbepflanzung aufgenommen. Bei der Auswahl der Pflanzen gilt es allerdings zu beachten, dass der Wuchs der Pflanzen ähnlich stark ist, sonst wird die schwächere Pflanzenart ganz schnell von der stärkeren verdrängt. Die Bodendeckerbepflanzung aus Zwergmispel (Cotoneaster dammeri ‚Evergreen') im Vordergrund bildet einen guten Höhenkontrast zum höheren weißbunten Zwergspindel (Euonymus fortunei ‚Gracilis') im hinteren Teil. Für den Laien schwierig ist die Pflege der Rahmengehölze. Formgeschnittener Buchsbaum, besonders hier die Spiralenform, passen zwar wunderbar auf eine Grabanlage, aber erfordert einige Fingerfertigkeit beim Schnitt.

GÜNTER
KLUGE
GRABBEPFLANZUNG
GRABMAL

Grabmale aus Stein und Metall üben immer einen besonderen Reiz aus. Hier wird die Wirkung des Grabsteines durch die etwas untergeordnete Rahmenbepflanzung ausgezeichnet ergänzt und von der Wechselbepflanzung aus Edellieschen (Impatiens-Neuguinea-Hybriden) aufgenommen. Die Steinplatte im Pflanzbeet gibt praktisch die Grundform vor. Um diese beruhigende Wirkung zu erreichen, sollte man bei solchen Beeten nur mit einer Farbe arbeiten. Bunte Beete sind hier nicht geeignet. Die Bodendeckerfläche vervollständigt in einem gleichmäßigen Grün aus Buchsbaum (etwas höher, im Hintergrund) und Zwergmispel (Cotoneaster dammeri ‚Evergreen' – im Vordergrund) der Gesamteindruck. Ein regelmäßiger Schnitt dieser Flächen ist unumgänglich, lässt sich aber mit Akku-Geräten erleichtern. Das erfordert aber ein wenig Übung.

ERNA
HORB

Bei dieser asymmetrischen Gestaltung eines Doppelgrabes wurde eine deutliche Modellierung der Oberfläche vorgenommen. Diese Art der Gestaltung ist besonders für große Grabstellen anwendbar, erfordert aber ein wenig Geschick des Ausführenden.
Als Rahmenpflanzung dienen Rhododendron-Yakushimanum-Hybriden (maximale Höhe 1–1,20 m), Bodendecker ist Fingerkraut (Potentilla tridentata ‚Nuuk'). Rhododendron sind beliebte Gehölze für die Grabgestaltung, zum einen sind sie robust und schnittfest, zum anderen blühen sie in schönen Farben. Die hier verwendete Art eignet sich besonders für größere Grabstellen, für kleine Gräber sind die rotblühenden Zwergrhododendron (Rhododendron-Repens-Hybriden) oder die in verschiedenen Rot-, Rosa- und Lilatönen blühenden japanischen Azaleen.

Der Bodendecker Potentilla ‚Nuuk' ist allerdings nur in milden Gegenden verwendbar.
Das Pflanzbeet (Sommer) wurde mit weißblühenden Edellieschen (Impatiens-Neuguinea-Hybriden) bepflanzt. Sie sind besonders für halbschattige Lagen geeignet, benötigen aber ausreichend Wasser und sollten häufig geputzt werden, da alte Blüten Fäulnis verursachen.

Gerade bei weißen Pflanzen auf dem Grab ist ein häufiges Putzen unumgänglich. Nach Regenfällen oder kühleren Witterungsphasen, aber besonders bei älteren Blüten zeigen sich häufig braune Blütenblätter. Bei dunklen Farben fällt dies nicht weiter auf, aber bei hellen Beeten ist es besonders deutlich.

WEIL
WIR AUCH
DAS SIND
WAS WIR
VERLOREN
HABEN

Ein ungewöhnliches Grabmal und wunderbar passende Bepflanzung lassen dieses Grab sehr ausgewogen erscheinen. Die Kugelform ist in dieser Anlage überall zu finden. Auch hier wurde sowohl im Rahmen als auch beim Bodendecker im Hintergrund mit Buchsbaum gearbeitet. Dieser ist robust, schnittfest und immergrün. Als Rahmenpflanzen dienen zügig wachsende Buchsbaumsorten, die bereits formgeschnitten (als Kugel, als Kegel oder viele andere Formen) zum Einsatz kommen. Als Bodendecker dient die Buchsbaumsorte ‚Blauer Heinz', der aber etwas empfindlicher ist. Er ist nur in relativ milden Gegenden zu empfehlen, da er in harten Wintern zu Ausfällen neigt.

Ein Pflanzbeet für derartige Gestaltungen sollte sich auch auf wenige Farben beschränken, um die Ruhe des Grabes zu betonen. Hier wurden Elatior-Begonien gepflanzt. In dieser Pflanzengruppe gibt es seit einigen Jahren auch wetterfeste Sorten. Bitte nicht die Elatior-Zimmerbegonien verwenden. Sie sind besonders empfindlich gegen Witterung und würden nicht lange halten.

Der Spindelstrauch – Euonymus

Eine interessante Gruppe Gehölze ist die der Spindelsträucher, auch unter Pfaffenhütchen bekannt. Interessante Fruchtbildung, schöne Herbstfärbung oder interessante Korkbildungen machen den Reiz dieser Pflanzengruppe aus. Für die Grabgestaltung finden in erster Linie die bodendeckenden Zwergspindel (Euonymus fortunei) Verwendung. Sie sind anspruchslos, winterhart und vor allem farblich auffällig. Die Höhe als Bodendecker liegt je nach Schnitt zwischen 10 und 20 cm, ungeschnitten klettern sie aber auch und erreichen durchaus Höhen bis 3 m.

Gelbbunter Zwergspindel
(Euonymus fortunei Emerald'n Gold)

Weißbunter Zwergspindel
(Euonymus fortunei ‚Gracilis')

Grüner Zwergspindel
(Euonymus fortunei)

Eine ausgewogene Grabanlage mit einem äußerst interessantem Grabmal zeigt dieses Bild. An dieser Anlage kann man sehr schön eine deutliche Gruppierung erkennen. Der Rahmen besteht aus kugelförmigen Eiben (Taxus baccata), die Bodendecker vorn aus Zwergmispel (Cotoneaster dammeri ‚Evergreen') und hinten gelbbunter Zwergspindel (Euonymus fortunei ‚Emerald'n Gold). Das Beet (bunte Herbstbepflanzung) nimmt die Form des Grabmals auf und bildete den Lastausgleich zu Grabmal und Rahmengehölzen.

Euonymus fortunei ‚Minimus' – der Kleinste der Spindelsträucher

Der Kleinste der Spindelsträucher ist ein brauchbarer Bodendecker, am besten für den halbschattigen Bereich. Schnittverträglich und robust, immergrün, sehr flach und zügig wachsend eignet er sich gut zur Grabgestaltung. Die verwendete Erde sollte nicht zu sauer sein, humos und durchlässig. Schwere Böden liegen ihm nicht. Wichtig ist eine Düngung im Spätsommer, da er sonst im Winter sehr stark die (für die immergrünen Spindelsträucher durchaus typische) rötliche Farbe annimmt und im kommenden Frühjahr schwer austreibt. Einzelne Winterausfälle, speziell durch Wintersonne und Barfröste, werden im Normalfall gut kompensiert.

Eine interessante Kombination aus Stein und Glas verkörpert dieses Grabmal. Diese Wirkung wird durch den unaufdringlichen Rahmen aus Eibe (Taxus baccata) hervorragend in Szene gesetzt. Ein wenig schwierig zeigt sich hier die Herbstbepflanzung mit Alpenveilchen. Aufgrund ihres Wuchses bilden sich Streifen. Eine flächiger wirkende Bepflanzung, z.B. weiße Besenheide (Calluna vulgaris), nicht ganz so breit gehalten könnte die Spiegelung des Grabmales sicher günstiger darstellen.
Bei der Übernahme von der Form des Grabmales oder dessen Symbolik ist immer ein wenig Vorsicht geboten. Falsche Farben oder unberechneter Zuwachs können auch aus einer guten Idee ein unförmiges Gebilde machen. Als Bodendecker wurde der kleinste Zwergspindel (Euonymus fortunei ‚Minimus') verwendet.

HELENE
KAMPE
1911-2002

Dieses Grab fällt durch seinen Grabstein besonders ins Auge. Zwei gleiche große, aber unterschiedlich farbige und starke Stelen mit spiegelbildlicher Beschriftung fordern erst einmal ein genaues Hinschauen. Die verwendeten Muschelzypressen (Chamaecyparis obtusa ‚Nana Gracilis') gehören zu den am besten geeigneten und auch am häufigsten verwendeten Rahmengehölzen bei der Grabgestaltung. Ihr frisches, dunkles Grün, der langsame Wuchs und das bestechend schönes verleihen dieser Pflanze eine beruhigende, aber vor allem edle Ausstrahlung.
Das Pflanzbeet, in der Standardform Rundbeet, zeigt hier deutlich die „Uhrglaswölbung". Damit kann ein rundes Beet besonders attraktiv erscheinen.

Dieses Urnengrab bietet eine interessante Lösung für ein buntes Sommerbeet. Verwendet wurden hier Männertreu (Lobelia erinus), Papageienblatt (Alternanthera bettzickiana), Eisenkraut (Verbena rigida) und eine Sukkulentenart verwendet. Allerdings ist es recht schwierig, diese grazile Pflanzung den ganzen Sommer lang in guter Qualität zu halten. Diese bunten Sommerbepflanzungen kann man nur versuchen, wenn man eine recht intensive Pflegearbeit betreibt.

Das als Bodendecker verwendete Sternmoos ist nur für klimatisch milde Gegenden geeignet. Auch die Langzeithaltbarkeit ist nicht sehr groß. Es hat aber durch seinen flachen Wuchs, die kleinen sternchenförmigen Blüten und das frische Grün eine freundliche und nicht so strenge Ausstrahlung. Für kleine Flächen ist es daher durchaus verwendbar. Sternmoos braucht auch nicht geschnitten werden.

LEO
JOST
1951
2001

Buchsbaum als Bodendecker

Buchsbaum (Buxus sempervirens) wird in den letzten Jahren zunehmend als Bodendecker auf Grabanlagen verwendet. Hier eignen sich besonders zwei Sorten aufgrund ihres ohnehin schwachen Wuchses besonders. Der eine ist der frischgrüne Buxus microphylla ‚Herrenhausen', der andere der im Austrieb leicht blaugrüne Buxus sempervirens ‚Blauer Heinz'. Aufgrund ihres schwachen Wuchses müssen beide Sorten relativ dicht, maximal 15 x 15 cm gepflanzt werden. Das ergibt eine hohe Pflanzdichte. Damit ist Buchsbaum der mit Abstand teuerste Bodendecker. Für sonnige bis halbschattige Standorte gut geeignet, verträgt Buxus schwere und staunasse Böden nicht. Ausfälle gibt es bei starken Barfrösten und Wintersonne.

Ein eigenwilliges Grabmal, dazu ein passendes Pflanzbeet. Das könnte die Kurzform für diese Grabgestaltung sein. Schlicht und wirkungsvoll. Der Rahmen besteht aus zwei Eiben. Damit hat man genug Freiraum, sich mit dem Grabmal und dem Spruch darauf zu beschäftigen. Um völlige Ausgewogenheit zu erreichen, wäre eine kleine Eibe im linken vorderen Drittel durchaus angebracht. Die Bodendecker sind zweigeteilt, auf der einen Seite das leider nicht so winterharte Fingerkraut (Potentilla tridentata ‚Nuuk'), auf der anderen Seite Buchsbaum (Buxus sempervirens). Damit hält sich der Pflegeaufwand in vertretbaren Grenzen. An sich ist diese Art Gestaltungen gut geeignet für Leute, die wenig Zeit in die Pflege investieren können.

DIE WIR
VERLOREN
GLAUBEN
SIND UNS
VORAN
GEGANGEN

Streng geometrische Formen lassen diese Doppelgrabanlage ein wenig steril wirken. Die Rahmengehölze wirken leider nicht ganz zusammenpassend. Die Buchsbaumkegel sind gut abgestuft und nehmen ein wenig die Form des Grabmales auf, der spiralförmige Lebensbaum (Thuja occidentalis ‚Smaragd') überragt aber beinahe das Grabmal. Bei einem aufstrebenden Stein wie diesem sollten die Rahmenpflanzen aber untergeordnet bleiben.
Sinnvoll wäre eine stärkere Einbeziehung der Steinplatte mit dem Namen und etwas fließendere Übergänge zwischen den Bodendeckern und dem farblich sehr schönen Pflanzbeet. Besonders bei mehrteiligen Grabmalen ist es wichtig, das alle Teile der Gestaltung in den Gesamteindruck einbezogen werden.

FAMILIE
WANNER

Bodendecker im Schatten

Besonders in schattigen Bereichen auf älteren Friedhöfen ist es ein Problem, einen passenden Bodendecker zu finden. Hier eigenen sich besonders das Dickmännchen (oder auch Ysander) – Pachysandra terminalis und das Immergrün oder Schattengrün – Vinca minor.

Pachysandra ist 10–20 cm hoch, lässt sich schneiden, bildet Ausläufer, hat eine weiße Blüte. Sehr robust und pflegeleicht, eignen sich am besten die niedrigen Sorten für die Grabbepflanzung

Die Vinca wächst etwas horstig, blüht im Frühjahr blau oder weiß, lässt sich aber nicht so gut schneiden. Vinca bildet keine ganz einheitlichen Flächen, da die neuen triebe immer wieder aus der Basis austreiben. Eine Mischung mit einem kleinblättrigen Efeu wirkt hier sehr gut.

Diese Möglichkeit der Hinterpflanzung des Grabsteines eignet sich besonders bei Gräbern, deren Hintergrund in freie Flächen verläuft. Damit wird eine Rückwand geschaffen, die dem Grab einen abgeschlossenen Rahmen verleiht. Die Hier verwendete Kletterhortensie (Hydrangea petiolaris) ist durchaus auch freistehend bis zur Größe von 1 m zu verwenden. Allerdings sollte sie in jungen Zustand mit einem Stab versehen werden. Der ebenfalls verwendete Rote Schlitzahorn (Acer palmatum ‚Dissectum Garnet') ist besonders für die Grabbepflanzung geeignet. Er bleibt klein und wächst langsam. Aufgrund seiner geringeren Winterhärte ist er aber nur für geschützte Lagen geeignet.
Insgesamt ist diese Bepflanzung etwas für eine halbschattige Lage, der im Hintergrund verwendete Bodendecker Dickmännchen (Pachysandra terminalis) eignet sich sogar für vollschattige Lagen. Im Vordergrund wurde weißbunter Zwergspindel (Euonymus fortunei ‚Gracilis') verwendet. Beide Bodendecker werden bis 20 cm hoch. Daher sind für das Wechselbeet besonders größere Pflanzen wie Elatior-Begonien oder Knollenbegonien geeignet.

GRABMAL
MATERIAL
BEARBEITUNG

Eine Ausnahme in der Grabgestaltung bilden Anlagen, die so maßgeschneidert für eine bestimmte Person entworfen werden wie diese. Die hier gezeigte Möglichkeit für einen Kapitän bietet optimalen Personenbezug, dürfte aber eine Ausnahme darstellen. Ein interessantes Detail bildet aber die besonders bunt gestaltete Wechselbepflanzung an. Eine derartige Zusammensetzung aus Stauden und einjährigen Beet- und Gruppenpflanzen zeigt eine Möglichkeit besonders für große Pflanzflächen. Durch die vielen verschiedenen Pflanzen blühen immer einige Arten, bei der Größe der Fläche fällt es auch wenig ins Gewicht, wenn einzelne Pflanzen ausfallen oder nicht blühen.
Gerade der Personenbezug spielt bei der Grabgestaltung eine große Rolle. Lieblingsblumen können verwendet werden, Stauden, die zu Geburtstagen blühen. Das erfordert ein wenig Geschick, aber auch das Verständnis für die Natur. Nicht jede Pflanze sieht das ganze Jahr schön aus, Stauden verschwinden sogar manchmal ganz, so zum Beispiel das Tränende Herz (Dicentra), der Gemswurz (Doronicum) oder auch Funkien (Hosta). Ähnlich ist es mit Zwiebelgewächsen wie Tulpen, Hyazinthen oder Krokussen.
Da diese zur Kräftigung der Zwiebel abreifen sollten, muss das Laub bis zum Verwelken auf dem Grab verbleiben. Das kann durchaus auch einmal eine Weile nicht so perfekt wirken.

Diese Gestaltung fällt besonders durch ihre Rahmenbepflanzung auf. Verwendet wurde das Schattenglöckchen (Pieris japonica ‚Variegata'). Interessant ist diese Pflanzenart durch ihren rötlichen Neuaustrieb. Da sie etwas empfindlich ist, sollte sie vor allem an geschützten Stellen verwendet werden.

Um die Breite der Pflanzen zu erzielen, wurden mehrere Pflanzen relativ eng zusammengepflanzt. Diese durchaus legitime Möglichkeit nutzt man am besten, wenn Pflanzen langsam wachsen und man besonders breite Pflanzen braucht. Das kann unter Umständen günstiger und vor allem einfacher sein als die entsprechend großen Solitärpflanzen zu besorgen.

Die in der Wechselbepflanzung verwendeten Edellieschen (Impatiens-Neuguinea-Hybriden) eignen sich besonders für halbschattige Lagen und ausreichend Feuchtigkeit. Empfindlich reagieren sie auf Kälte und sehr viel Regen, hier leiden die Blüten besonders. Häufiges Putzen macht sich da notwendig.

Jochen
Reinhardt
22.5.1918
5.12.2001

Efeu auf dem Grab

Aufgrund seiner Symbolik, seinem flächigen Wuchs und seine Haltbarkeit ist Efeu einer der häufigsten Bodendecker bei der Grabgestaltung. Es gibt mehrere hundert Sorten, allerdings sind nur etwa ein Dutzend richtig winterhart. Efeu möchte gern halbschattigen bis schattigen Standort, aber nicht zu dunkel, gleichmäßig feucht und ohne starken Wurzeldruck von Bäumen. Der Boden sollte etwas kalkhaltig sein. Drei der häufigsten Sorten sollen hier genannt sein:

die Grundform – Hedera helix

die Sorte ‚Grünpfeil'

die etwas stärker wachsende und höhere Sorte ‚Hibernica'

Bisher noch die Ausnahme, wird wohl aufgrund immer haltbarerer Farben diese Möglichkeit der farbigen Grabsteingestaltung in Zukunft häufiger zu sehen sein. Gerade bei Grabgestaltungen für aus dem Leben gerissene jüngere Menschen kann das eine Lösung sein. Optimal dazu die nahezu unsichtbare Rahmenbepflanzung aus verschiedenen Eiben (Taxus baccata), die in Form und Farbe den sehr dominanten Stein umrahmt, aber keinesfalls konkurriert. Hier ist das Grabmal das entscheidende Gestaltungsmerkmal. Auch der Bodendecker aus einem kleinblättrigen Efeu (Hedera helix ‚Pittsburgh') ordnet sich dem voll unter. Diese Efeuart ist allerdings nur in mildem Klima geeignet. Eine besondere Anforderung bei derartigen Grabsteinen bildet das Pflanzbeet, hier in der herbstlichen Form. Die Farben der Wechselbepflanzung müssen zu den Farben des Steines passen. Das erfordert eine geschickte Auswahl und Anordnung.

WENN DER TAG ANBRICHT
FLIEHEN DIE SCHATTEN
MIRCO BRAND
*1940
2004
GRABBEPFLANZUNG
GRABMAL

Eine konsequent symmetrische Gestaltung zeigt diese Grabgestaltung. Die Rahmengehölze bestehen aus in Form geschnittenen Eiben (Taxus baccata). Die Eibe eignet sich aufgrund ihres langsamen Wuchses, ihrer Dichte und vor allem durch ihre hohe Schnittverträglichkeit als Rahmengehölz. Eiben gibt es in vielen Formen, von einfachem frischen Grün über schwarzgrün bis hin zu gelbspitzig, von breitwüchsig bis zur Säule. Der Bodendecker im Vordergrund (Zwergmispel – Cotoneaster dammeri ‚Evergreen) bildet einen guten Kontrast zum gelbbunten Zwergspindel (Euonymus fortunei ‚Emerald'n Gold') im Hintergrund. Buntlaubige Gehölze benötigen immer einen hellen, meist sonnigen Standort. Im Schatten bilden sie mehr grüne Farbpigmente aus, die „vergrünen" und verlieren damit ihre dekorative Wirkung.

DAS DUNKEL
HAT KEINE
MACHT WO
LIEBE DIE
MENSCHEN
VERBINDET
SIMONE
OTT
1918-2000
HUBERT
OTT
1915-2002

Den Hintergrund als Rahmen nutzen – auch eine Möglichkeit, obwohl bei diesem recht großen Grabmal eine flankierende Rahmenbepflanzung gut geeignet wäre.
Hier zeigt sich die Wichtigkeit einer passenden Rahmenpflanzung. Der Stein erhebt sich überdimensional über dem Grab. Es fehlen Übergänge, diese Höhe auf die Fläche abzustufen. Die dazu dienenden Goldhaarzypressen (Chamaecyparis pisifera ‚Filifera Aurea Nana'), auf kleinen Gräbern sehr gut verwendbar, wirken auf dieser großen Fläche leider nur wie ein hoher Bodendecker. Die dreieckige, zum Stein hinweisende Strukturierung der Gestaltung ist eine gute Idee, die sich auch von Laien technisch problemlos übernehmen lässt.

Golderdbeere – Waldsteinia

Eine gut geeignete bodendeckende Staude für schattige Lagen, ist die Golderdbeere – Waldsteinia ternata. Die Blätter dicht, erreicht sie eine Höhe von 10–15 cm. Aufgrund ihrer etwas unruhigen Oberfläche bietet sie sich für naturnahe Bepflanzungen an. Im Frühjahr zeigt sich eine weithin leuchtende, gelbe Blüte (bei der Wechselpflanzung beachten).
Die Waldsteinia vermehrt sich durch Ausläufer, braucht keinen Rückschnitt, ist daher ausnehmend pflegearm. Nur alte Blätter müssen ausgeputzt und die Pflanzung ab und zu in die Schranken gewiesen werden.
Waldsteinia ist robust und gut frosthart.

Eine ausgewogene asymmetrische Einzelgrabgestaltung für den halbschattigen Bereich zeigt diese Zusammenstellung aus Buchsbaum als Rahmen, Zwergmispel (Cotoneaster dammeri ‚Evergreen') und Golderdbeere (Waldsteinia ternata) als Bodendecker und einem farblich interessanten Wechselbeet. Die formgeschnittenen Buchsbäume wirken elegant, erfordern aber einen hohen Schnittaufwand. Der im hinteren Teil verwendete Bodendecker, die Golderdbeere (Waldsteinia ternata) ist einer der unempfindlichsten Bodendecker überhaupt. Allerdings wirkt sie immer ein wenig ungleichmäßig.

Im Wechselbeet sind hier im äußeren Ring Echeverien zu sehen. Stammend aus Mittelamerika, werden sie in einigen Gegenden Deutschlands als Sommerstrukturpflanze verwendet. Sie bieten als eine der wenigen Pflanzen die Verwendung über mehrere Jahre. Da sie in Mitteleuropa nicht winterhart sind, müssen sie vor dem ersten Frost geborgen werden. Kühl und relativ trocken überwintert, können sie im nächsten Jahr wieder verwendet werden. Zudem vermehren sie sich noch über Kindelbildung, damit können immer wieder neue junge Pflanzen herangezogen werden.

Das Besondere dieser Gestaltung ist die Pflanzenauswahl der sommerlichen Wechselbepflanzung. Hier wurden neben Eisbegonien (Begonia-Semperflorens-Hybriden) farblich passende Buntnesseln (Coleus-Blumei-Hybriden), die gut zur Grabgestaltung geeignete Kanonierblume (Pilea microphylla) sowie Farne in einer interessanten Mischung verwendet. Hält man die Pflanzen durch Stutzen (ausbrechen oder schneiden) einigermaßen im Verhältnis, kann eine derartige Gestaltung den ganzen Sommer über ordentlich aussehen. Das Stutzen der Pflanzen sollte bereits recht zeitig beginnen. Sobald erste Triebe etwas länger werden, müssten sie bereits gekürzt werden. Damit wird im Allgemeinen der Austrieb gefördert und die Pflanzen werden dichter. Hier darf man keinesfalls Angst haben, auch mal eine Blüte mit auszubrechen. Gerade Eisbegonien blühen so reichlich nach, dass die gestutzte Stelle bereits nach wenigen Tagen kaum noch zu sehen ist.

Die hier unter anderem verwendete Kanonierblume, manchmal auch „Friedhofspetersilie" genannt, ist eine robuste, frischgrüne Strukturpflanze, die nicht blüht. Regelmäßiges Stutzen nimmt sie wenig übel. Nur Temperaturen um den Gefrierpunkt verträgt sie überhaupt nicht.

Streng geometrische Formen lassen diese Doppelgrabanlage ein wenig steril wirken. Die Rahmengehölze wirken leider nicht ganz zusammenpassend. Die Buchsbaumkegel sind gut abgestuft und nehmen ein wenig die Form des Grabmales auf, der spiralförmige Lebensbaum (Thuja occidentalis ‚Smaragd') überragt aber beinahe das Grabmal. Bei einem aufstrebenden Stein wies diesem sollten die Rahmenpflanzen aber untergeordnet bleiben.
Es fehlt leider die Verbindung zu der Steinplatte mit dem Namen völlig. Hier wären sicher Möglichkeiten (siehe Grabmalgestaltung im Fußbereich), einen fließenden Übergang zu schaffen. Die strenge Grenze zwischen den Bodendeckern fördert diesen Eindruck noch. Die Wechselbepflanzung ist sehr schön, passt sich aber durch ihre Anordnung nicht richtig ins Bild ein. Besonders bei mehrteiligen Grabmalen ist es wichtig, das alle Teile der Gestaltung in den Gesamteindruck einbezogen werden.

Eine gewisse Exklusivität auf den ersten Blick strahlen diese Rahmengehölze aus. In Form geschnitten wie in einem japanischen Garten fallen sie sofort ins Auge und lassen das Grabmal ein wenig einfach aussehen. Bei der Verwendung derartiger Gehölze sollte man sich allerdings über die Pflege und den Schnitt genauestens informieren. Hier muss jeder einzelne Ast immer wieder geschnitten werden, der Aufwand in recht hoch. Auch der Preis für derartige Gehölze liegt deutlich über dem Üblichen. Der Gesamtwirkung wegen sind sollten sie auch nur auf großen Anlagen Verwendung finden.
Die hier verwendete Art Stechpalme (Ilex crenata) ist leider nur in Gegenden mit mildem Klima verwendbar. In raueren Lagen sind aber durchaus Formgehölze aus Wacholder (Juniperus – Arten), Kiefern (Pinus – Arten) oder Lebensbaum (Thuja – Arten) verwendbar. Der hier verwendete Bodendecker aus gelbbuntem Zwergspindel (Euonymus fortunei ‚Emerald'n Gold') bringt hier seine farbliche Wirkung zur Geltung. Ein herbstlich buntes Beet vervollständigt die Anlage.

Stauden als Bodendecker

Katzenpfötchen – Antennaria dioica

Thymian – Thymus serpyllum

Frühjahrsenzian – Gentiana acaulis

Fette Henne – Sedum in Arten

Neben einer interessanten Grabsteingestaltung aus Metall und Stein wurden auf diesem Urnengrab als Rahmenbepflanzung Gräser verwendet. In diesem Fall ist es weißbunte Japansegge (Carex morrowii ‚Variegata). Seggen zählen zu den Gräsern für relativ schattige und feuchte Standorte. Sie sind wintergrün, sind daher gut für Gräber geeignet. Die Japansegge bleibt recht niedrig, wird kaum 30 cm hoch und lässt sich so gut recht gut auch auf kleineren Gräbern verwenden.

Die gezeigte Frühjahrspflanzung aus Hornveilchen (Viola-Cornuta-Hybriden) passt in Form und Farbe sehr gut zur Gesamtgestaltung. Hornveilchen sind seit einigen Jahren auf dem Markt und haben sich ganz schnell einen breiten Freundeskreis erworben. Sie blühen sehr reich, die Blüten sind wenig empfindlich gegen Regen und Schnee. Jedes Jahr kommen neue Farben hinzu, so dass es jetzt ein breites Spektrum verschiedener Blau-, Gelb-, Weiß-, Lila- und Rottöne gibt. Aufgrund Ihrer Größe eignen sich Hornveilchen besonders für Urnen- und Einzelgräber.

TIM
LENZ

Kompliziert gestaltet sich die Bepflanzung für ein durchsichtiges Grabmal. Günstig ist es, derartige Grabmale vor einem undurchsichtigen Hintergrund zu verwenden, beispielsweise einer Mauer oder einer dichten Bepflanzung. Wenn auch die Verwendung von Stämmchen bei der Grabgestaltung umstritten ist, hier passen sie gut dazu. Die Höhe des Grabmales wird durch die verschieden hohen Kugeln gut auf die Fläche zurückgeführt. Als schwierig erweist sich hier die Pflege. Die Kugeln benötigen einen regelmäßigen strengen Schnitt, vor allem muss die Größe aller 8 Kugeln gleich sein. Ein sehr schönes Beet aus roten Knollenbegonien rundet die Gestaltung ab.

Knollenbegonien eigen sich für halbschattige Lagen. In voller Sonne benötigen sie viel Wasser, bei großer Hitze trocknen die Ränder der Blüten ein. Knollenbegonien sind mit ihren großen Blättern sehr empfindlich. Sie dürfen niemals in großer Hitze auf das Blatt gegossen werden, sonst gibt es unschöne Blattflecken. Leider vertragen sie auch niedrige Nachttemperaturen schlecht.

Stauden als Bodendecker

Fette Henne – Sedum album

Günsel – Ajuga reptans

Hauswurz – Sempervivum

Steinbrech – Saxifraga-Arendsii-Hybriden

Dieses Grab zeigt einen Versuch, die Kugelform des Grabmales umzusetzen. Diese Grundidee ist durchaus akzeptabel, nur in Details fehlt es noch an Konsequenz. Sehr schön gelungen der Ring im Bodendecker aus weißem Zwergspindel (Euonymus fortunei ‚Emeralds Gaiety'). Ein wenig schwach wirkt die Rahmenbepflanzung aus Buchsbaumkugeln. Insbesondere die Stämmchen sind zu niedrig und haben optisch keine Chance gegen den großen Grabstein. Da der Stamm ja nicht höher wird, muss das bereits bei der Pflanzung berücksichtigt werden. Auch die Wechselbepflanzung wirkt hier ein wenig schwach. Insgesamt aber ein gutes Beispiel für das Verwenden der Grabmalform in der Bepflanzung.

GRABBEPFLANZUNG
GRABMAL

Trotz einer sehr ordentlichen Ausführung wirkt diese Grabgestaltung ein wenig unausgewogen. Grund dafür ist die Mischung der Gestaltungsarten. Die hinteren Buchsbaumkugeln sind sowohl in Größe als auch in Anordnung symmetrisch, die kleine passt nicht richtig dazu. Das Wechselbeet ist etwas zu weit nach rechts gerückt und bildet damit eine zu starke Last – das Grab ist optisch rechtslastig, es „kippt".
Häufig nimmt man diese Details im Unterbewusstsein war, kann das Empfinden nicht einmal richtig beschreiben. Oft sind es nur wenige Zentimeter, die optisch eine große Wirkung haben. Deshalb bei der Pflanzung immer einmal einen Schritt zurücktreten und die Arbeit von verschiedenen Stellen aus betrachten – so lassen sich Fehler schon im Ansatz vermeiden.

Die verwendeten Bodendecker weisen auf eine schattige Lage der Grabstelle hin, den Vordergrund bildet Efeu (Hedera helix ‚Grünpfeil'), den Hintergrund die Golderdbeere (Waldsteinia ternata), ebenso die der Buchsbaum für halbschattige bis schattige Lagen bestens geeignet.

Ein deutliches Symbol, das Herz wurde hier als Wechselbepflanzung verwendet. Das Herz, Zeichen der Liebe und innigen Verbindung, sollte nicht auf kleinen Gräbern Verwendung finden. Eine bestimmte Größe ist zur richtigen Wirkung notwendig. Die Pflanzung erfordert ein wenig Übung, als wichtigstes ist der äußere Rand zu nennen. Bei so schwierigen Formen ist es notwenig, die Arbeit auch einmal aus ein wenig der Entfernung zu betrachten. Also durchaus ab und an einen Schritt zurücktreten und kontrollieren, ob Größe und Proportionen stimmen.
Der im Hintergrund verwendete Bodendecker ist Kugelwacholder (Juniperus squamata ‚Blue Star'), der aber eher selbst eine Rahmenbepflanzung für kleine Gräber darstellt. Hier wird man in der Praxis doch mehr den Kriechwacholder (Juniperus horizontalis) verwenden. Dieser ist in einigen Regionen Deutschlands etwas pilzanfällig.
Die Rahmenbepflanzung aus Ligusterkugeln ist sicher auffällig, aber hier können natürlich auch andere Gehölze Verwendung finden. Bei einem Bodendecker aus Koniferen sind Laubgehölze ein guter Kontrast.

Eine große Hilfe bei jeder Bepflanzung ist die einheimische Gärtnerei. Neben den Anregungen von Gartenschauen, Büchern und Katalogen ist die Erfahrung des ortsansässigen Gärtners bei der Pflanzenauswahl die wichtigste Entscheidungshilfe.

REINHARD
KOEHLER
2000
MARIANNE
KOEHLER

Eine wunderbare Möglichkeit zur Gestaltung größerer Grabstellen zeigt dieses Mustergrab.
Die als Band ausgelegte Wechselbepflanzung fügt sich harmonisch in die Gesamtgestaltung ein, sie erfordert allerdings ein Umdenken bei der Auswahl der Bepflanzung. Schmale Beete sind besonders für ein- höchstens zweifarbige Bepflanzungen geeignet. Im Herbst lassen sich natürlich bunte Beete gestalten, allerdings für die Winterabdeckung sind die üblichen Gestecke oder Kränze sind hier so nicht verwendbar. Eine verschiedenfarbige Auslegung mit Koniferenreisig und Islandmoos, durch punktuellen Schmuck mit einigen Exoten und Zapfen ergänzt ist sicher eine Lösung.

Hier soll erwähnt werden, das zur Wintereindeckung Kränze oder Gebinde nicht auch den Bodendecker abgelegt werden dürfen. Bei längerer Liegezeit gibt es unschöne Fäulnisstellen, die oft Monate brauchen, um sich zu regenerieren. Für diese Zwecke steht das Wechselbeet zur Verfügung. Hier können als Winterschmuck neben einer farbigen Abdeckung durch verschiedenes Koniferenreisig Gestecke und Gebinde ihren Platz finden.
Jede Jahreszeit hat ihre Bepflanzung, so auch der Winter.

Rahmengehölze

Stechpalme – Ilex aquifolium

Zwerg-Hemlockstanne – Tsuga canadensis ‚Nana'

Zwergkiefern – Pinus in Arten und Sorten

Scheinzypressen – Chamaecyparis in Arten

Dieses Grab zeigt weder eine klare symmetrische noch eine klare asymmetrische Gestaltung. Besonders das rechte Rahmengehölz passt nicht in die Anlage. Auch die Übernahme des Symbols aus dem Grabstein wirkt hier nicht so recht gelungen. Deutlich zeigt sich, das der Hintergrund eines Grabes eine entscheidende Rolle in der Optik hat: Rahmengehölze und Hintergrund verschwimmen ineinander. Hier wäre es besser mit etwas farbintensiveren Gehölzen zu arbeiten. Auch das Beet sollte besser eine geschwungene Linie darstellen als einen so massiven Block.

Noch ein Wort zu Laubgehölzen in der Rahmenbepflanzung. Sie sehen sehr gut aus, wirken lebendig, unter Umständen auch farblich passend (rot, gelb), blühen dekorativ, verlieren aber das Laub. Vom Spätherbst bis zum späten Frühjahr haben diese Gehölze also ein völlig anderes Aussehen. Das muss man in der Planung unbedingt berücksichtigen. Ebenso sollte eine eventuelle Blüte oder eine kräftige Herbstfärbung bei der Wechselbepflanzung berücksichtigt werden, da sich sonst die Farben stören könnten.

RUDOLF
JANKER
1911-2002
GRABBEPFLANZUNG
GRABMAL

Eine rustikales Grabmal, dazu passende Rahmengehölze und eine leuchtende Herbstbepflanzung aus Besenheide prägen diese Anlage. Holz ist ein etwas in Vergessenheit geratener Werkstoff für Grabmale. Dabei ist ein aus Holz geschnitztes Brett, das „Totenbrett" der Ursprung der direkten Grabzeichen. Auf ihnen wurde der Tote zum Grab getragen und das Brett nach der Bestattung aufrecht am Kopfende zur Markierung der Grabstelle in die Erde gesteckt.
Vielleicht sind es die deutlichen Zeichen der Alterung in kurzer Zeit, vielleicht auch das „billige Aussehen", Holzgrabmale sind recht selten zu finden. Dabei ist gerade Holz ein Werkstoff, der viele Möglichkeiten der Gestaltung bietet. Die geringere Haltbarkeit gegenüber Steingrabmalen muss man natürlich akzeptieren.

Deutlich zeigt sich hier der Nachteil von Hochstämmchen – sie sind am Fuß durchsichtig. Bei der Verarbeitung derartiger Gehölze muss man unbedingt den Hintergrund mit beachten.

Diese Möglichkeit einer asymmetrischen Grabgestaltung lebt besonders durch geschwungene Formen. Als Rahmengehölze wurden Schattenglöckchen oder Lavendelheide (Pieris japonica) und Japanischer Schlitzahorn (Acer palmatum) gepflanzt.
Um die Steinform noch etwas zu betonen, könnte man die Rahmengehölze austauschen . Damit würde der Bogen von niedrigen Gehölz über den Grabstein zum höheren Gehölz verlaufen und die Sache noch etwas gefälliger machen. Geschwungene Formen wirken immer angenehm auf das Auge des Betrachters und sind auch dem natürlichen Wuchs in der Natur näher. Keine Pflanze wächst rechtwinklig. Das Wechselbeet aus Alpenveilchen (Cyclamen persicum) deutet auf den Frühherbst hin. In klimatisch rauen Lagen ist es sinnvoller, sich auf frostfeste „typische" Herbstpflanzen (z.B. Besenheide – Calluna vulgaris) zu verlegen.

HENRY
ENDELL
2.7.
1935
18.10.
2001

Obwohl das Grabmal dieses Doppelgrabes eine Asymmetrie vorgibt, wurde die Bepflanzung als aufgelockerte symmetrische Gestaltung ausgeführt. Der Bodendecker im Hintergrund (Euonymus fortunei ‚Gracilis') kommt leider nicht richtig zur Geltung. Wenn auch nur als Hintergrund geplant, sollte doch ein wenig mehr davon zu sehen sein. Das Wechselbeet ist ein sehr schönes buntes Herbstbeet. Eine derartige Gestaltung erfordert vor allem ein gutes Gefühl für Formen und Farben. Fraglich ist allerdings die Verwendung von Zierpaprika. Er wird bei einem frühen Frost mit Sicherheit erfrieren. Ähnlich ist es leider auch mit der sehr hübschen Buntblattstaude Houttuynia, wahrscheinlich auch mit den Alpenveilchen. Bei der Gefahr früher Fröste muss man leider auf diese Pflanzen verzichten, um die Haltbarkeit auch bis zum Totensonntag (zweite Novemberhälfte) zu gewährleisten.

Eine nahezu perfekte symmetrische Bepflanzung zeigt diese Doppelgrabanlage. Anstelle der Buchsbaumkugeln könnten natürlich auch verschiedene andere Gehölze Verwendung finden. Sie sollten jedoch zu diesem Grabmal immer eine rundliche oder breite Form haben. Säulenförmige Gehölze würden die Wirkung der Stele mindern oder gar aufheben. Eine interessante Herbstbepflanzung zeigt das quadratische Pflanzbeet, hier auf die Spitze gestellt. Zwei verschiedene Sorten Besenheide (Calluna vulgaris), davon eine gelblaubige wurden verwendet.

Die Besenheide (Calluna vulgaris) ist in den letzen Jahren zu einer der wichtigsten blühenden Herbstpflanze avanciert. Besonders die Form der „Knospenblüher", die Blüten verbleiben im Stadium der spitzen Knospe und sind daher länger haltbar, haben einen hohen Marktanteil gewonnen. Besenheide hat eine bessere Frostbeständigkeit der Blüten als Erika (Erica gracilis), ist als Pflanze sogar winterhart. Sie kann unter Umständen sogar als Dauerpflanzung dienen.

Dieses Urnengrab zeigt die Möglichkeit einer asymmetrischen Gestaltung auf kleinen Flächen. Das Grabmal steht etwas im hinteren Bereich. Als Rahmengehölze finden hier die Hänge-Hemlockstanne (Tsuga canadensis ‚Pendula') und die Zwerg-Hemlockstanne (Tsuga canadensis ‚Nana') Verwendung. Beide Arten sind sehr gut zur Grabgestaltung geeignet, sie wachsen relativ schwach und vertragen ohne Probleme auch einen Rückschnitt. Das herbstliche Wechselbeet, hier recht schmal, zieht sich wie ein Band durch die Anlage. Als Bodendecker wurden besonders kleinblättrige Arten verwendet, einmal die robuste Zwergmispel (Cotoneaster dammeri ‚Evergreen') und eine Steinbrechart mit kleinen Rosetten (Saxifraga paniculata).

Steinbrech ist eine Pflanzengruppe aus rosettenbildenden, bodendeckenden Pflanzen in vielerlei Gestalt. Robust und winterhart, muss man nur die Besonderheit der Blüte beachten. Diese schiebt sich im späten Frühjahr je nach Art bis 30 cm über die Pflanzen und muss entweder sofort oder nach Abblühen entfernt werden.

Ein unruhiger Hintergrund kann unter Umständen jede gut angedachte Bepflanzung vollkommen durcheinander bringen. Die hier verwendete Säuleneiben (Taxus baccata ‚Fastigiata Aurea') bringen die Höhe des Grabmales stufenweise nach unten. Diese Wirkung wird durch die verschiedenen Gehölze im Hintergrund teilweise aufgehoben. Hier wäre es günstiger, andere Rahmengehölze zu verwenden.
Die Wechselbepflanzung nimmt das Quadrat des Grabmales auf, könnte aber farblich ein wenig in sich abgesetzt sein.

Da zu jeder Jahreszeit die Wirkung der Umgebung anders ist, ist es wichtig, genau zu beobachten. Gerade Laubgehölze im Umfeld ändern ihr Aussehen und können damit großen Einfluss auf die optische Wirkung der verwendeten Pflanzen haben.

Rahmengehölze

Rote Berberitze – Berberis thunbergii ‚Atropurpurea'

Fadenzypresse – Chamaecyparis pisifera ‚Filifera Aurea Nana'

Orientalischer Lebensbaum – Thuja orientalis in Sorten

Mittlerweile kommt es vor, das Grabmale nicht mehr unbedingt am Kopfende des Grabes stehen. Eine Stellung ca. 1/3 eingerückt kommt durchaus schon häufiger vor. Damit besteht die Möglichkeit, das Grabmal zu hinterpflanzen. Durch die Hintergrundpflanze, eine gelbe Adlerschwingeneibe (Taxus baccata ‚Dovastoniana Aurea') kommt das Grabmal richtig zur Geltung. Eibe ist ein beliebtes Rahmengehölz in der Grabbepflanzung. Sie ist ausnehmend schnittfest und eignet sich vor allem für halbschattige und schattige Standorte. Gelbspitzige Formen wie hier sollten allerdings etwas heller stehen, das die Farbe sonst nicht so ausgeprägt wird. Das Wechselbeet (Sommerbepflanzung) ist hier mit dunkelllaubigen Eisbegonien (Begonia-Semperflorens-Hybriden) gepflanzt. Als reine Pflanzung wirken diese etwas dunkel, eignen sich aber sehr gut zum Mischen mit helllaubigen Sorten. Eisbegonien gehören zu den robustesten Sommerpflanzen auf dem Grab. Auch die Farbigkeit hat mittlerweile zugenommen, es gibt ein Farbspiel von weiß über rosa bis rot und zweifarbig, das gleiche auch mit dunklem Laub. Auch gefüllt blühende sind im Angebot, diese sind aber etwas empfindlicher.

GRABMAL

Als fast „idyllisch" ist diese Anlage zu bezeichnen. Ein rustikales Grabmal aus hellem Granit, einer der schönsten Rahmenpflanzen, die Muschelzypresse (Chamaecyparis obtusa ‚Nana Gracilis'); Thymian (Thymus serpyllum), Zwergmispel (Cotoneaster dammeri ‚Evergreen') und die Golderdbeere (Waldsteinia ternata) als Bodendecker. Das Auffälligste jedoch ist die bunte sommerliche Wechselbepflanzung.

Hier liegt auch ein wenig der Knackpunkt derartiger Gestaltungen: gerade die Sommerpflanzung hat aufgrund ihrer langen Standzeit den meisten Zuwachs. Das erfordert bei diesen grazilen Pflanzungen entweder eine perfekte Pflanzenauswahl (sehr schwer zu treffen), auf jeden Fall aber ständiges Schneiden und Stutzen, um die Pflanzen klein bleiben zu lassen. Darunter leidet aber häufig die Blühwilligkeit.

Kurz gesagt: derartige Gestaltungen sind sofort sympathisch, die wirken menschlich, vertraut, wie ein kleiner Garten. Um aber diese Wirkung ganzjährig zu erzielen, gehört ein sehr hoher Pflegeaufwand dazu. Kenntnis über die Zusammenstellung der einzelnen Pflanzen und vor allem Gefühl für Farbe und Anordnung sind Grundbedingung.

FAMILIE
MARTIN
SCHULZ

Rahmengehölze

Zwergbalsamtanne – Abies balsamea ‚Nana'

Zwergnestfichte – Picea abies ‚Echiniformis'

Zwergrhododendron – Rhododendron-Repens-Hybriden

Aus praktischen Gründen nicht mehr zu empfehlen – Zuckerhutfichte – Picea glauca ‚Conica

Ein besonders hohes Grabmal auf einem Einzelgrab ist schwierig zu gestalten. Keinesfalls sollten hier säulenförmige Gehölze gewählt werden, da diese zum Grabmal in Konkurrenz stehen würden. Die hier verwendeten Zwergeiben (Taxus cuspidata ‚Nana'), flach und langsam wachsend, wirken wie eine Basis, aus der das Grabmal emporstrebt. Die Sommerbepflanzung aus Papageienblatt (Alternanthera bettzickiana) ist selten zu finden. Diese Pflanze wirkt ausschließlich durch ihr buntes Laub, hat wenig Zuwachs, muss aber sehr dicht gepflanzt werden, um diese Wirkung zu erzielen.

Ein außergewöhnliches Grabmal fordert eine außergewöhnliche Bepflanzung. Das mitten auf dem Grab aufgestellte personenbezogenen Grabzeichen wird sehr schön in Szene gesetzt. Die eigenwilligen Gehölze im Hintergrund sind Wacholder – Zierformen. Schön ist hier zu sehen, das man sich bei der Wechselbepflanzung nicht nur auf eine Fläche festlegen muss. Da die Gesamtbepflanzung eher farblich zurückhaltend gestaltet wurde, leuchten die Beete mit den Elatior-Begonien besonders. Die Echeverien als Kreis um die Pflanzbeete werden wohl über den Sommer kaum eine Chance gegen die Begonien haben.
Alles in allem sicher eine sehr spezifische Gestaltung, die aber dazu anregen soll, sich bei der Grabgestaltung auch Gedanken um die Person des Verstorbenen und dessen Umfeld zu machen.

*1930
LARS PETERS
+1998

Eine Grabgestaltung mit vielen Symbolen. Auf dem Grabstein, in der Rahmenbepflanzung. Ein sehr buntes Beet. Sehr schön anzusehen. Die Kugellinde (Tilia cordata, Lico'), sicherlich der Symbolik des Grabsteines entlehnt, dominiert stark die Anlage. Zu dem Grabstein erscheint sie sehr gewaltig. Ein etwas kleineres Gehölz wäre da sicher geeigneter. Der aufrecht wachsende Efeu (Hedera helix ‚Erecta') ist leider nur an klimatisch günstigen Standorten sicher verwendbar. Ebenso der hier verwendete Bodendecker, das Fiederpolster (Leptinella squalida). Ausnehmend wüchsig und sehr schöne Flächen bildend, kann es doch bei harten Barfrösten große Ausfälle geben.

Wunderschön das bunte Sommerpflanzbeet. Bei der Ausführung sollte jedoch viel Zeit zur Pflege eingeplant werden. Nur durch ständiges Stutzen und Schneiden können die Pflanzen annähernd den ganzen Sommer in dieser Größe gehalten werden.

Einen recht eigenwilligen Eindruck hinterlässt diese Doppelgrabgestaltung beim Betrachter. Neben der seltenen Anordnung eines mittig stehenden Grabmales wurde hier gänzlich auf eine Rahmenbepflanzung verzichtet. Damit wirkt die Fläche sehr groß. Die Wechselbepflanzung wurde mit der Blattschmuckpflanze Papageienblatt (Alternanthera bettzickiana) ausgeführt. Leider fehlt dadurch leuchtende Farbe auf dem Grab, es wirkt trist. Diese Zusammenstellung ist für eine Gemeinschaftsanlage gut geeignet.
Für eine Familiengrabstätte sollte sicher ein geeigneter Rahmen und eine etwas freundlichere Wechselbepflanzung für mehr persönliche Beziehung sorgen.

PAUL
HOLD
1920
2001
SARA
HOLD
1922
2001

Gräser auf dem Grab

Gräser eignen sich durchaus zur Grabgestaltung, wenn man die Besonderheiten des Wuchses einplant. Die meisten Ziergräser bilden Horste, die Blüten erreichen oftmals eine mehrfache Höhe der Pflanzen. Einige Gräser sind immergrün, einige trocknen über den Winter ab, treiben im Frühjahr aber meist spät aus. Diese werden kurz vor dem Austrieb zurückgeschnitten, alle anderen nur ausgeputzt. Gräser sind pflegeleicht, in ihrer Wirkung allerdings Geschmackssache.

Einige wichtige Arten sind:

Seggen (Carex) – wintergrün für feuchte und schattige Standorte in verschiedenen Höhen

Marbel (Luzula) – wintergrün für schattige Standorte

Schwingel (Festuca) – für sonnige Standorte

Chinaschilf – (Miscanthus) sommergrün für sonnige Standorte, aber sehr hoch

Pfeifengras (Molinia) – sommergrün für sonnige Standorte

Die seltene Art der großflächigen Liegeplatte als Grabmal zeigt diese Gestaltung. Besonders auffällig ist die reichliche Verwendung von Gräsern. Bei geeignetem Boden durchaus möglich, aber mit einigen Eigenheiten behaftet. Ziergräser wachsen nie flächendeckend, sie bilden immer einen Horst. Meist befinden die Blüten (Schwingel) deutlich höher als die Pflanze, durchaus bis zur doppelten Höhe. Braune Blätter sind häufig. Gräser überdauern in abgestorbener Form den Winter und sollten im Frühjahr nur ausgezupft werden. Der Austrieb kann relativ spät erfolgen. Für naturnahe Gestaltungen sind sie ausgezeichnet geeignet. Gräser fühlen sich allerdings nur bei richtigen Bedingungen richtig wohl.

Eine weitere Besonderheit ist die Trauerweide (Salix caprea ‚Pendula') am Kopfende. An dieser Stelle hat sie einen ausgezeichneten Platz gefunden. Sie bildet einen Schirm über dem Kopf des Verstorbenen.
Ansonsten sollte die Verwendung von Trauerformen in der Grabgestaltung mit Bedacht erfolgen. Häufig treten sie mit ihrer optischen Dominanz in Konkurrenz zum Grabmal. Bei stehenden Grabmalen sind derartige Pflanzen daher kaum zu empfehlen.

GRABBEPFLANZUNG
GRABMAL
GING
AUF LETZTE GROSSE FAHRT

Künstlerisch gestaltet zeigt dieses Grabmal eine der häufigsten Grundformen der Grabsteingestaltung, den Breitstein. Hier wurde der Versuch unternommen, grundverschiedene Gehölze zu einem Rahmen zu formen. Für die Grabgestaltung eignen sich natürlich gut die Mädchenkiefer links hinten (Pinus parviflora ‚Glauca'), ebenso die Kugelkiefer rechts (Pinus ‚Pierrick Bregeon'). Schwieriger einzuordnen ist die Sicheltanne links vorn (Cryptomeria japonica ‚Monstrosa Nana'), deren Winterhärte nicht überall gegeben ist und rechts hinten die Trauerulme (Ulmus glabra ‚Pendula'), die trotz schwachen Wuchses für ein Grab sicher zu groß und damit zu dominant wird. Im Zweifelsfall sollte man immer den Rat der Fachleute der Region holen. Diese kennen das Klima am besten und können gute Tipps zur jeweiligen Winterhärte geben.
Das herbstliche Wechselbeet ausschließlich mit Strukturpflanzen ist sicher gewöhnungsbedürftig.

Stauden als Rahmenpflanzen

Christrosen – Helleborus niger

Fette Henne – Sedum telephium

Prachtspiere – Astilbe-Arendsii-Hybriden

Funkien (Hosta) und Farne

Eine sorgfältige Auswahl der Rahmenpflanzen ist eine Grundbedingung, die ungefähre Haltbarkeit von 10 Jahren für eine Grabbepflanzung zu erreichen. Häufig wird die Höhe der Rahmenpflanzen in Friedhofssatzungen begrenzt (z.B. 1,50 m). Die meisten verwendeten Gehölze können durch geschickte Schnittmaßnamen in diesen Höhenbereich begrenzt werden. Ein wenig Kenntnis im Gehölzschnitt erspart da einigen Ärger.

Deutlich zeigt sich das bei dieser Einzelgrabgestaltung. Die hier verwendete Himalaja- Zeder (Cedrus deodora) weist eine zu starken Wuchs für eine derartige Grabstelle auf. Ebenfalls ungünstig ist das teilweise Verdecken des Grabsteines durch das Rahmengehölz, zumal auch mit Zuwachs zu rechnen ist.

Die Idee mit dem Wechselbeet ist gut geeignet, müsste aber mit einer passenden Rahmengestaltung unterstützt werden.

ERNA
2001

Pflanzen schneiden

Immer wieder wird von Schneiden, Rückschnitt, Kürzen gesprochen.
Eine Pflanzung ohne Pflege ist leider nicht möglich. Pflanzen wachsen nun einmal nicht so, wie wir es uns wünschen. Deshalb gehört zu jedem Pflegegang auch eine scharfe Gartenschere. Grundlegende Rückschnitte bei Bodendeckern sollten je nach Wachstum 2–4-mal jährlich ausgeführt werden, Rahmengehölze werden im Allgemeinen einmal geschnitten.

Abgestorbene oder kranke Zweige, Triebe, die aus der Reihe tanzen sollten immer sofort entfernt werden. Über die Schnittfestigkeit der einzelnen Gehölze sollten sie sich unbedingt bei einem Fachmann beraten lassen.

Bodendecker ungeschnitten

Bodendecker geschnitten

Die mittige Aufstellung des Grabmales auf Einzelgräbern ist im Moment noch relativ selten. Eine gute Lösung für eine Gestaltung zeigt diese sehr ausgewogene asymmetrische Pflanzung in Dreiteilung. Die Wechselbepflanzung (buntes Herbstbeet) wurde in verschieden großen Beeten mehrseitig ausgeführt. Die Rahmenbepflanzung wurde mehr nur eingestreut und fängt damit ausgezeichnet die Last der Wechselpflanzung auf. Eine interessante Anlage, die durchaus zum Nachmachen reizt. Auch auf konventionell aufgeteilten Gräbern (Grabmal mittig am Kopfende) kann die Wechselbepflanzung mehrteilig erfolgen, in mehreren Einzelbeeten verschiedener Form.

ICH LEB
IN EUCH
UND
GEH
DURCH
EURE
TRÄUME

Etwas bizarr mutet diese Grabgestaltung an. Buchsbaum bildet hier in den verschiedensten Formen das dominierende Element. Allerdings sollten Rahmenpflanzen wie die rechte in Form eines Ankers wohl eher nicht auf einem Grab erscheinen. Sicher kann man damit einen Personenbezug herstellen, aber die Pflege eines derartigen Pflanzenkunstwerkes ist wohl kaum noch von einem Laien zu bewältigen. Unwillkürlich fällt der Blick zuerst auf die Pflanze – obwohl das Grabmal das dominierende Element des Grabes sein sollte. Von solchen Rahmenpflanzen ist aus fachlicher Sicht abzuraten, der Pflegeaufwand und die Anforderungen an das Können des Pflegenden sind sehr hoch.
Gut zum Grabmal passt die rechte Seite der Rahmenbepflanzung.

Die Bepflanzung des Wechselbeetes zeigt eine mögliche Frühherbstbepflanzung. Alpenveilchen (Cyclamen persicum) auf dem Grab sind sicher nicht die Regel, möglich sind sie allemal. Ein regelmäßiges Putzen und Auspflücken der verblühten Stiele ist allerdings notwendig. In Gegenden mit frühen Wintereinbrüchen ist von der Verwendung abzuraten.

GANZER
MARIE
1941 – 1998
ALOIS
1934 – 2001

Eine geöffnete Samenkapsel – ein Grabmal mit einem hohen Symbolgehalt. Die hier vorhandene Rahmenpflanzung aus Schattenglöckchen (Pieris japonica ‚Variegata') ordnet sich voll dem dominanten Grabmal unter, ergänzt es nur. Eine wunderbare Zusammenstellung zweier Bodendecker, der weißbunten Zwergspindel (Euonymus fortunei ‚Gracilis') und der Zwergmispel (Cotoneaster dammeri ‚Evergreen') betonen die Ausstrahlung des Grabmales noch. Die Wechselbepflanzung, hier aus Stiefmütterchen (Viola-Wittrockiana-Hybriden) ist ein versuchtes Spiegelbild des Grabsteins. Die farbliche Zusammensetzung, obwohl in sich unruhig, passt in diesem Fall zu dem sehr ruhig wirkenden dunklen Stein.

Technisch sind Pflanzbeete in der Mitte von Doppelgräbern schwierig zu handhaben. In der Friedhofspraxis werden daher meist noch Trittplatten in die Anlagen eingefügt. Diese sollten allerdings mehr praktischen als gestalterischen Gesichtspunkten dienen, sich also eher unterordnen. Als optisch günstig erweist es sich, wenn sie aus dem gleichen Material wie das Grabmal bestehen.

Symbole

Symbole spielen in der menschlichen Gesellschaft schon immer eine große Rolle. Leider sind in den heutigen „Hochkulturen" anstelle der geistlichen Symbole meist die Statussymbole wie Geld, Fahrzeuge, Immobilien gerückt. Erst im Angesicht der Vergänglichkeit und des Todes wird sich dieser althergebrachten Zeichen wieder erinnert.
Besonders auf den Friedhöfen gibt es eine Vielzahl von verschiedenen Symbolen, teilweise über Jahrhunderte entstanden und erhalten. Das bekannteste in christlichen Siedlungsgebieten ist natürlich das Kreuz für das Leiden und Sterben Jesu Christi. Aber es gibt noch viele weitere Symbole, die hier ein wenig bekannt gemacht werden sollen.

- **Punkt** – Zeichen für Anfang, Mitte, Ende, Zentrum, Saatkorn usw.
- **Senkrechte** – Zeichen für aktive Kraft, Lot, Sonnenstrahl, Bindeglied zwischen Himmel und Erde, Stele
- Waagerechte – Zeichen für passive Kraft, Ruhe, Gleichgewicht
- **Kreuz** – Ursymbol christlichen Glaubens, Zeichen des Leidens und Sterbens Jesu Christi, vereint Senkrechte und Waagerechte, vier Himmelsrichtungen
- **Kreis** – Zeichen für das Endlose, weder Anfang noch Ende, Ewigkeit, das Himmlische
- **Viereck** – Zeichen für das Irdische, 4-zackiger Stern, Geburt, Licht (4 Elemente = Wasser, Feuer, Luft, Erde; 4 Evangelisten)
- **Dreieck** – Zeichen für Leben und Bewegung, Lichtsymbol, Einheit von 3 gleichen Größen, Spitze nach oben= Zeichen der Dreifaltigkeit (oft mit dem Auge Gottes)
- **Fünfeck** – Abwehrzeichen, Grundform von Blüten, Zeichen für Familie
- **6-zackiger Stern** – Davidsstern, Israelitenzeichen
- **7-zackiger Stern** – 7-armiger Leuchter, Symbol des Lichts (Kerze)
- **8-zackiger Stern** – Sternzeichen Christi, Auferstehungszeichen
- **Spirale** – Lebenssymbol, Lebenskeim, Fruchtbarkeit, Zeit, Leben und Tod in sich vereint
- **Fisch** – Zeichen für Christen aus griech. ICHTHYS (Fisch), diese Buchstaben sind die Anfangsbuchstaben zu übersetzt: Jesus Christus Gottes Sohn Erlöser)
- **PX** – Anfangsbuchstaben für griech. Jesus Christus
- **Ähre** – Symbol für Fruchtbarkeit
- **Anker** – Symbol für Hoffnung
- **Baum** – Symbol für von Gott gestiftetes Leben, Lebensbaum
- **Bienenstock** – Fleiß, Aufopferung für das Gemeinwohl
- **Blatt** – Sinnzeichen des vergehenden Lebens, ist schon in den Katakomben zu finden
- **Dornenkrone** – Sinnbild des Leidens
- **Efeu** – Zeichen der Treue, Freundschaft, Unsterblichkeit
- **Engel** – Trost, Friede, Erlösung
- **Fackel** – aufrecht = Symbol des Lebens, gesenkt = Leben ist erloschen
- **Lamm** – Sinnbild für Christen
- **Krone** – Herrschaftszeichen, die Erlösten nehmen an der Herrschaft Christi teil

- **Lamm mit Fahne** – Sinnbild der Auferstehung
- **Lilie** – Zeichen der Unschuld und Reinheit
- **Lorbeer** – Zeichen des Sieges
- **Ölzweig** – Zeichen des Friedens
- **Öllampe** – Zeichen der Jungfräulichkeit, Zeichen ewigen Lichts
- **Taube** – Zeichen für den Heiligen Geist, Friedenstaube
- **Palmzweig** – Märtyrerglorie
- **Pelikan** – Zeichen für christliche Liebe
- **Phönix** – Symbol für Opfertod und Auferstehung
- **Rose** – uraltes Sinnbild der Liebe, Zeichen des Glückes
- **Sanduhr** – Zeichen für die schnell eilende Zeit, Vergänglichkeit, oft in Verbindung mit Totenkopf und Gebein
- **Schlange** – Grabwächterin
- **Schmetterling** – Zeichen für Verwandlung, aufstrebende Seele
- **Sonne** – Zeichen des Lebens
- **Waage** – Zeichen für Gerechtigkeit
- **Weinstock und Trauben** – Selbstbezeichnung Christi und der Gemeinschaft mit seinen Jüngern, Symbol der Fülle des Lebens, Zeichen der Verwandlung

Es gibt außerdem noch eine Fülle von beruflichen Symbolen oder Standessymbolen, die ebenfalls auf Grabsteinen zu finden sind.

Aus gärtnerischer Sicht sind natürlich besonders die Symbolpflanzen interessant. Das Wissen darüber ist leider ein wenig in den Hintergrund gerückt. Ich möchte hier gern einige Pflanzen aufzählen und deren Symbolik dazu benennen. Diese Aufzählung erhebt keinen Anspruch auf Vollständigkeit.

Stauden:

- **Lilie** – Zeichen für Unschuld und Keuschheit
- **Königskerze** – Marienblume (Mariä Himmelfahrt)
- **Maiglöckchen** – Sinnbild für Jugend und reine Liebe
- **Rosmarin** – Sinnbild für Jugend und reine Liebe (manchmal Taufe und Konfirmation)
- **Nelke** – Passionszeichen, segenbringendes Schutzmittel gegen Pest
- **Lavendel** – Tugend und Demut Marias
- **Iris** – Bund Gottes mit den Menschen
- **Schlüsselblume** – wunderkräftig zum Heben verborgener Schätze
- **Margerite** – edle Perlen oder Tränen, vergossene Blutstropfen
- **Mohn** – Schlafsymbol, Tod als Bruder des Schlafes
- **Asphodeline** – bei den Griechen Trauerpflanze
- **Ringelblume** – Totenblume
- **Dreiblatt** (Erdbeere, Klee) – Dreieinigkeit
- **vierteiliges Blatt** – Kreuz oder 4 Evangelien
- **siebenteiliges Blatt** – Gaben des Heiliges Geistes
- **Gräser** – Vergänglichkeit
- **Frauenmantel** – Zauberkraft
- **Hauswurz** – Schutz gegen dunkle Mächte
- **Heiligenkraut** – Totenpflanze
- **Kamille, Huflattich** – Heilkraft
- **Rittersporn** – Treue, ritterliche Haltung und Würde
- **Sonnenblume** – Sinnbild der Seele
- **Stiefmütterchen** – Dreieinigkeit
- Stockrose – Vergebung
- **Strohblume** – Unsterblichkeit
- **Wermut** – Totenpflanze, Schmerz und Bitternis

Bäume und Sträucher:

- **Apfelbaum** – Sündenfall
- **Buchsbaum** – Zeichen für Unsterblichkeit und Auferstehungshoffnung
- **Eiche** – Zeichen für Unsterblichkeit
- **Zeder** – demütig und heilig
- **Linde** – heiliger Baum (Lindenholzaltäre), Zeugnis vom Märtyrertod, Gerichtsbaum
- **Birke** – Maibaum
- **Eiche** – Totenbaum, wegen düsterem Laub und Giftigkeit
- **Wacholder** – Schutz vor Bösem
- **Sadewacholder** – Schutz vor Bösem, Holz diente der Totenverbrennung
- **Holunder** – Heilkraft, unter ihm wurden Tote bestattet
- **Weißdorn** – Symbol für Dornenkrone, aber auch Abwehr von Bösem
- **Immergrün** – Unsterblichkeit, Auferstehungshoffnung, Treue
- **Efeu** – Unsterblichkeit, Auferstehungshoffnung, Sinnbild des Lebens
- **Espe, Weide** – Symbol der Trauer
- **Scheinzypressen** – Trauergehölz bei den Römern
- **Palmbaum** – Sieg und Frieden
- **Rose** – Mariensymbol
- **Strauch-Rosen** – Symbol für Dornenkrone, Abwehr des Bösen
- **rote Rosen** – oft auf Gräbern katholischer Christen
- **weiße Rosen** – oft auf Gräbern evangelischer Christen
- **Rosenblüten, vor allem weiße** – Todkünderin
- **Kranz aus Zweigen** – Symbol des geschlossenen Kreises, des nicht enden wollenden Bundes
- **5-blättrige Rose** – Schweigsamkeit
- **geknickte Rose** – zu früh gebrochenes Leben
- **Rebe** – Sinnzeichen für die heiligen Sakramente

Zahlensymbolik

In der christlichen Symbolik spielen auch Zahlen eine bedeutende Rolle:

- **1** – heilige Zahl, es gibt nur einen Gott
- **2** – Verdopplung, Trennung, Zwietracht, Gegensatz, Konflikt, aber auch Gleichgewicht
- **3** – Synthese aus der Zahl 1 und 2, Symbol für allumfassendes Prinzip, Sinnbild der Vermittlung, Zahl des Himmels, Dreieinigkeit
- **4** – Himmelsrichtungen, Jahreszeiten, Elemente, Evangelisten, Lebensalter (Kindheit, Jugend, Reife, Alter)
- **5** – Vereinigung der ersten geraden (2) und ersten ungeraden Zahl (3), Finger an der Hand, Sinne, Wunden Christi
- **6** – heilige Zahl (Schöpfungstage, Werke der Barmherzigkeiten), aber auch Zahl des Bösen
- **7** – Zahl der Vollendung (siebenarmiger Leuchter, Weltwunder, Wochentage, Schöpfungstage)
- **8** – Zahl der kosmischen Ordnung und verweist auf den „achten Schöpfungstag" (Neuerschaffung des Menschen), Zeichen auch für die Auferstehung Christi und die Auferstehung der Menschheit
- **9** – Dreifaches der heiligen Zahl 3, sie bildet die Zahl der Engelschöre
- **10** – heilige Zahl (Gebote, Aussätzige, Jungfrauen), Zahl des abgeschlossenen Ganzen
- **11** – Zahl der Sünde
- **12** – heilige und glücksbringende Zahl (Söhne Jakobs, Stämme Israels, Apostel)
- **13** – Zahl des Bösen (im alten Testament auch Heilszahl), in Indien heilig
- **14** – Verdoppelung der heiligen Zahl 7 – Symbol für Güte und Barmherzigkeit, 14 Nothelfer
- **21** – Symbol der göttlichen Weisheit
- **24** – Verdopplung der vollkommenen Zahl 12, harmonisches Gleichgewicht
- **36** – Totalitätszahl, Summe der ersten 4 geraden und der ersten 4 ungeraden Zahlen, Symbol für Himmel
- **40** – Zahl der Erwartung, der Vorbereitung, der Buße, des Fastens und der Strafe (40 Tage Sintflut, Jesu Fasten in der Wüste, Fasten vor Ostern 40 Jahre Wanderung der Israeliten, Erscheinung Jesu 40 Tage nach Auferstehung)
- **50** – Zahl der Freude und des Festes, Pfingsten liegt 50 Tage nach Christi Auferstehung

Inhaltsverzeichnis

Stichwortregister

Impressum

Bildnachweis:
Bilder sind Eigentum des Autors außer
Presseveröffentlichung der IGA Rostock 2003 (Seiten 2/3,4/5, 8/9, 20/21,40/41)
Werbematerial der Dauergrabpflegegesellschaft Sächs. Friedhofsgärtner mbH (Seite 19)

Botanische Namen:
Zander, Handwörterbuch der Pflanzennamen, 17. Auflage, Ulmer-Verlag
Kreuzer's Gartenpflanzenlexikon, Band 1, Verlag Bernhard Thalacker

Die Schreibweise entspricht den Regeln der neuen Rechtschreibung.

ISBN 3-937205-38-8